LARGER THAN LIFE

ROLAND BIRR

LARGER THAN LIFE

AUTHENTISCH-KULINARISCHE INSZENIERUNGEN DER NATUR

MIT 110 REZEPTEN VOM HOLZFEUER

CHRISTIAN

INHALT

THE FIFTH
QUARTER

VORWORT

Über die letzten drei Jahrzehnte wurde die authentisch-entmystifizierende Art meines Schaffens als Oenologe und internationaler »wine & food edutainer« immer wieder mit »larger than life« kommentiert und beschrieben. Und – meist verbunden mit der Frage, ob nicht auch eine schriftlich-illustrierte Version in Form eines Buches existiere? Mit meinem vorliegenden ersten Buch möchte ich meine interkulturellen Erfahrungen, Philosophie und Werte in Worten festhalten und vor allen Dingen in eindrucksvollen Bildern darstellen und transportieren – Bilder und Momente eingefangen von dem großartigen Fotografen Johannes Arlt, der mich seit einigen Jahren auf meinen Reisen mit leidenschaftlich-empathischem Auge begleitet.

Die etablierte Büchermacherin Friederike Heyne war der Auslöser für die Entstehung dieses Buches. Sie hat mich in der Konzeptionierung professionell und leidenschaftlich begleitet, gefordert und nachhaltig inspiriert. Ich bin sehr dankbar, dass sich unsere Wege kreuzten.

Parallel zu meiner europäischen Heimat wurden mein Denken und Handeln als Mensch und Unternehmer im Wesentlichen durch die intensive Zeit in Südafrika Anfang der 1990er-Jahre, aber auch durch den zusätzlichen Fokus auf asiatische Kulturen in den Jahren 2000 bis 2015 geprägt. Südafrika führte mich zu den Wurzeln der Menschheit und das Element »Feuer« wurde zum zentralen Thema in meinem Leben, und die langjährige Zeit in China, Vietnam, Thailand, Japan und Singapur eröffnete mir einen tiefen Einblick in die buddhistische Weltanschauung. Diese verschaffte mir neue Betrachtungsweisen im Umgang mit Speisen, Essgewohnheiten und der Natur.

Mit meinem Credo »Larger than Life« als Buchdokumentation und der Beschreibung meines täglichen Schaffens verstehe ich dies als sehr persönlichen »Mikro-Beitrag«, dem Verfall klassischer Werte in unserer Gesellschaft, der Verkümmerung der Bildung und der nicht aufzuhaltenden Distanzierung des Menschen von der Natur entgegenzuwirken. Im Mittelpunkt stehen dabei der Mensch, die Natur und der Umgang mit dem authentisch-kulinarischen Genuss ihrer Gaben.

Ich widme dieses Buch Susi, Eric, Natalie, Ute, Helmut, Marianne und Véro. Drei Generationen, meine Familie. Ihr macht mich aus, durch euch bin ich.

»Drei Dinge sind uns aus dem Paradies geblieben: die Sterne der Nacht, die Blumen des Tages und die Augen der Kinder.«

Dante Alighieri

KAPITEL 1

Eintauchen in Stille und Einsamkeit der südost-finnischen Wälder im Saimaa-Seengebiet. Wir zelebrieren die Natur und genießen ihre Gaben: Fisch, Wild, Beeren und Pilze bereiten wir täglich über Holzfeuern vor unseren traditionellen Holzhütten ... immer im Gepäck: große Weine der Welt

EINLEITUNG

EINLEITUNG

Eine kleine Gebrauchsanleitung

Dieses Buch ist in sechs Kapitel unterteilt, die – obwohl stark miteinander verwoben – jeweils auch einzeln betrachtet werden können. Die Sinnhaftigkeit mit allen ihren Werten, die Konzentration auf das Wesentliche und die Bedeutung von Erdung und Entschleunigung erschließt sich allerdings erst im Gesamtkontext.

Das erste Kapitel, »Eine kleine Gebrauchsanleitung«, beschreibt meine grundlegenden Werte und deren Verständnis in einer entmystifizierenden, ganzheitlichen Betrachtung von Wein und Speisen.

Das zweite Kapitel, »Culinary Travels«, beschreibt die Entstehung meiner kulinarischen »Outdoor Konzepte«. Das Kapitel vermittelt den Grundgedanken der Inszenierung der Natur und ihrer Gaben als eindrucksvolles authentisches Outdoor-Erlebnis, um interessierten Menschen die Möglichkeiten und die Bedeutung eines nachhaltigen Umganges mit dieser Natur näher zu bringen.

In Kapitel drei, »Culinary Destinations«, beschreiben kurze, prägnante Reiseberichte zu ausgewählten Destinationen mit spektakulären Bilddokumentationen und persönliche Vorstellungen gleich gesinnter Protagonisten meines internationalen Netzwerkes die Seele authentisch-kulinarischer Outdoor-Erfahrungen und dem Feuer als zentralem Element.

Im vierten Kapitel, »Culinary Taste«, finden sich alle in Kapitel zwei und drei erwähnten Holzfeuer-Zubereitungen und weitere authentische Speisen und *outdoor signatures* als detailliert beschriebene Rezepte mit Abbildungen wieder. Insgesamt sind 109 Zubereitungen zusammengetragen. Diese sind in Produktkategorien (Meeresfrüchte, Süß-/Salzwasserfische, verschiedene Fleischarten etc.) aufgeführt und in die Zubereitungsarten »über Holzfeuer« und »aus Pfanne & Kessel« unterteilt.

Das fünfte Kapitel, »Culinary Events«, gibt einen detaillierten Einblick in mittlerweile legendäre Abendveranstaltungen wie die »Hummer Nummer« oder »Grill to Thrill«, die ich seit Mitte der 1990er-Jahre weltweit in vielen Kulturen inszeniere. Das Kapitel beschreibt Edutainment von Wein & Speisen an und auf dem Feuer und mit hedonistischen Tafeln die pure Lust am Leben.

Im sechsten Kapitel, »Culinary Methods«, liste ich zur einfachen Handhabung der im Buch vorgestellten Rezepte und Zubereitungen in dem Unterkapitel »Vorratskammer« eine Grundausstattung an Standardzutaten auf und zeige im Unterkapitel »Feuertechnik & Holz« auf, wie man ein einfaches Holzfeuer entfacht, um darauf authentisch Fisch, Fleisch und Gemüse zuzubereiten. Auch die Bedeutung von Temperatur und Fett wird im Kontext dieses Buches in eigenen Unterkapiteln konzentriert aufgeführt.

In der nördlichen Mongolei am Ufer des Flusses Eg reisen wir in eine Zeit vor der Zivilisation. Rückführung zur Ursprünglichkeit – ohne Telefon und Internet

Die Magie der Sonnenuntergänge in der steinigen Halbwüste der südafrikanischen Karoo oder der dünn besiedelten West Coast inspiriert den Geist und beflügelt die Zunge. Man erfährt Erdung und Demut vor der Schöpfung.

Mein Wertekompass

In diesem Buch geht es um das Leben, den Umgang mit der Natur, die Menschen und um authentisch-kulinarische Erlebnisse. Zum besseren Verständnis und als Hintergrundinformation ist es mir ein Bedürfnis, einige grundsätzliche und mir wichtige Werte und Fakten in das Bewusstsein des Lesers zu rufen. Werte, Fakten und großartige Themen, die an den Lagerfeuern während meiner authentisch-kulinarischen Reisen immer wieder auflodern und die wir miteinander inspirierend besprechen und interpretieren – selbstverständlich mit einem Glas Wein in der Hand.

Als Kosmopolit und bis in meine Wurzeln überzeugter Humanist sind Toleranz gegenüber Andersdenkenden und der Respekt vor der Würde jedes Menschen bedingungslos, unabhängig von Hautfarbe, Ethnie oder Gesinnung – welcher Art auch immer –, die wesentlichen Grundpfeiler meines täglichen Handelns. Ich strebe nach persönlicher Entfaltung und übernehme die volle Verantwortung für mein Tun. Ich begreife das Leben als einen kontinuierlichen Lernprozess. Meine eigene Freiheit endet dort, wo die Freiheit des anderen beginnt. Jeder Mensch ist zunächst ein guter Mensch, er hat die Möglichkeit, dies zu widerlegen. Ich lebe gewaltfrei und erwarte Gleiches von meinem Umfeld. Ich lebe durch die Werte meiner eigenen Kultur, fremde Kulturen stellen meine Füße auf großen Raum. Ich selbst bin Deutscher aus Frankfurt am Main, ein Teil meiner Familie stammt aus Bordeaux, meine Kinder haben sowohl die deutsche als auch die französische Nationalität, mein Schwiegersohn ist Shona aus Zimbabwe, mein Schwager ist Türke und die Frau meines Onkels stammt aus Singapore. Meine Eltern haben mir dieses interkulturelle Verständnis mit in die Wiege gelegt und vorgelebt.

Navigiert man mit diesen Werten unter kulinarischen Gesichtspunkten in internationalen Gewässern, bedeutet dies meist eine enorme Bewusstseinserweiterung, denn erst durch Respekt und Toleranz gegenüber fremden Esskulturen und das Zulassen fremdartiger Geschmäcker erschließt sich wiederum deren Werteverständnis. Durch Verkosten eines sogenannten Nationalgerichts oder einer regionalen Spezialität erfährt man mehr über die Tradition, Charaktereigenschaften sowie intellektuellen Werte eines Volkes als in allen Geschichtsbüchern zusammen.

Besonders im Bereich »Essen & Trinken« oder präziser in »Weine & Speisen« findet dieser humanistische Werteansatz eine wunderbare Interpretations- bzw. Projektionsmöglichkeit. Ist es doch in der schillernden Welt der Kulinarik im Allgemeinen und der Welt der Weine im Speziellen sehr verbreitet, dass sich »Gurus« etablieren, die mit ihren subjektiven Bewertungen ganze Anhängerschaften von Weinenthusiasten hinter sich bringen, die mangels Vertrauen auf ihren eigenen Geschmack nach Orientierung suchen, anstatt sich auf ihre eigene ebenfalls subjektive Sensorik und Urteilskraft zu verlassen und diese selbstbewusst zu vertreten. In diesem Bereich tragen in gleichem Maße viele ausgebildete, aber auch selbst ernannte Weinfachleute zur Verunsicherung von Weinliebhabern bei, indem sie ihre persönliche Weinauswahl oder ihr eigenes Verständnis von Wein profilierungsneurotisch als einzig wahre Interpretation erscheinen lassen. Das habe ich in den vergangenen fast vierzig Jahren im internationalen Weingeschäft so oft erfahren, dass es fast schon symptomatisch für die Branche ist.

In jedem Falle ist es aber falsch, denn bei Weinen und Speisen geht es um Individualität, um persönliche Empfindungen und sensorisches Wahrnehmungsvermögen. Schmeckt oder schmeckt nicht, es geht um nichts anderes. Niemand ist ein Ignorant, nur weil er den gepriesenen Wein eines vermeintlichen Kenners nicht mag. Wenn der günstige Wein für 3,99 Euro aus dem Discounter schmeckt, dann gibt es keinen Grund, diesen nicht zu trinken. Denn wenn der verkostete Wein schmeckt, das eigene Budget aber dafür nicht ausreicht, probiert man eben so lange, bis man einen Wein findet, der schmeckt und den man sich leisten kann. Eine Weiterentwicklung der eigenen Geschmackserfahrungen und ein tieferer Einstieg in die Materie ist dann wiederum eine Frage des persönlichen Anspruches, denn natürlich gibt es gerade im Bereich der Kombination von Wein und Speisen spannende Regeln, die es zu berücksichtigen gilt, wenn man sich im Bereich der kulinarischen Harmonien weiterentwickeln möchte. Christina Fischer hat sie in ihrem großartigen Buch »Wein & Speisen« auf beeindruckende Art und Weise und vor allen Dingen verständlich und nachvollziehbar dargelegt. Wein ist wie das Leben selbst ein kontinuierlicher, niemals endender Lernprozess. Toleranz und Respekt gegenüber dem subjektiven Geschmack des anderen sind gefragt. So einfach ist Geschmack und so bereichernd ist Individualität.

Mein Buch »Larger than Life« handelt aber auch vom Leben und von der Lust am Leben! Es geht um den bewussten Umgang mit dem Genuss.

Meine Generation hat in der Schule gelernt, dass sich biologisches Leben neben der Fähigkeit zur Evolution – also der kontinuierlichen Entwicklung durch Anpassung an die sich verändernde Umwelt – durch Bewegung, Stoffwechsel in Zellen, Wachstum, Reizbarkeit und Fortpflanzung definiert. Somit ist Leben eine Eigenschaft von Pflanzen, Tieren und Menschen. Alle Lebewesen ernähren sich, um zur Aufrechterhaltung ihres inneren Gleichgewichtes einen ständigen Energiebedarf aus ihrer unmittelbaren Umwelt zu decken. Pflanzen decken diesen Energiebedarf über Fotosynthese aus der Strahlungsenergie der Sonne, andere Lebewesen sind auf pflanzliche oder tierische Nahrung angewiesen. Pflanzen und Lebewesen (Menschen und Tiere) können nicht ohneeinander leben, sie sind voneinander abhängig. Lebewesen wandeln lebensnotwendigen Sauerstoff in Kohlendioxid um und Pflanzen wandeln während der für sie lebensnotwendigen Fotosynthese Kohlendioxid in Sauerstoff um. Eine funktionierende Einheit. Die beiden für diesen Prozess verantwortlichen Substanzen sind die lebensnotwendigen Farbstoffe Hämoglobin im menschlichen Blut und das grüne Chlorophyll bei den Pflanzen.

Die molekulare Struktur von Hämoglobin und Chlorophyll ist nahezu identisch und unterscheidet sich im Wesentlichen ausschließlich durch ihr Zentralatom, Eisen im Hämoglobin und Magnesium im Chlorophyll. In dieser oberflächlichen, allgemein verständlichen Betrachtung sei auch erwähnt, dass Blut ein hervorragender Dünger für Pflanzen ist, denn der Eisengehalt des Hämoglobins regt die Chlorophyll-Produktion der Pflanze an. Ein Zusammenhang, der mich und meinen ganzheitlichen Anspruch seit dem Studium dieser Materie bis heute nachhaltig fasziniert.

In der Evolution des Menschen vom Homo erectus zum Homo sapiens hat die Natur den Energiebedarf des Menschen zum Erhalt seines inneren Gleichgewichtes auf die Kombination von pflanzlicher und tierischer Nahrung eingestellt und optimiert. In der natürlichen Entwicklung des Menschen bildete sich zu diesem Zweck das ursprünglich von Reißzähnen geprägte Gebiss des Homo erectus zurück zu einem Gebiss mit Schneide- und Mahlzähnen, um tierische und pflanzliche Nahrung zu verwerten. Durch die Entdeckung des Feuers und die daraus in der Evolutionsgeschichte des Menschen aufkommende Idee, das Feuer auch zur Nahrungszubereitung zu verwenden, wurde die Nahrung des Menschen immer leichter verdaulich. Die dadurch bei der Verdauung eingesparte Energie steckte die Evolution in das Wachstum des menschlichen Gehirns, welches dem Homo sapiens in der zwei Millionen Jahre währenden Evolutionsgeschichte dann auch die Fähigkeit zur Kreativität bescherte. Kreativität, die später die Genussfähigkeit in der Genetik anlegte.

Natur ist definiert als alles das, was nicht durch Menschenhand erschaffen wurde. Somit ist der Mensch ein Teil der Natur, er lebt im Gleichgewicht mit Pflanzen und Tieren. Allerdings braucht die Natur den Menschen nicht zum Überleben, der Mensch allerdings kann ohne die Natur nicht existieren.

In diesem Kontext bedingt mein humanistisches Verständnis auch den Respekt vor der Kreatur. Der Mensch steht nicht am Ende der Nahrungskette, sondern ist ein Teil davon. Ich respektiere und akzeptiere fremde Essgewohnheiten mit der Bedingung, dass Tiere waidgerecht, schnell und schonend getötet werden. Einziger Sinn der Tötung eines Tieres ist es, das Tier anschließend zu essen. Dabei lege ich Wert darauf, dass nicht nur die Edelteile verspeist werden, sondern dass das gesamte Tier verwertet wird. Innereien beispielsweise sind in den meisten Kulturen eine Delikatesse. Diesen Aspekt zelebrieren wir leidenschaftlich während unserer authentisch-kulinarischen Reisen.

Weißwedelhirschkeule aus den umliegenden Wäldern des Saimaa-Seengebietes im Südosten Finnlands zubereitet auf dem Holzfeuer auf zugefrorenem See – eine eindrucksvolle Erfahrung und Herausforderung bei Außentemperaturen um minus 20 °C.

Mit Beginn des Zeitalters der Digitalisierung und dem daraus entstandenen und in sich widersprüchlichen Begriff »Virtual Reality« hat sich der Mensch in seinem Schaffen weiterentwickelt und Parallelwelten zur Natur geschaffen. In diesen künstlichen Parallelwelten entwickelt sich der Mensch rasant und unaufhaltsam und entfernt sich mit jeder neuen virtuellen Weiterentwicklung deutlich von der ihn eigentlich umgebenden Welt – der Natur. Die Weltbevölkerung hat sich in der Zeit meines produktiven Schaffens seit Mitte der 1980er-Jahre auf über acht Milliarden Menschen fast verdoppelt. Heute ist das Leben einer stetig wachsenden Anzahl sehr vieler Menschen von diesen künstlichen Welten und sozialen Netzwerken geprägt – ohne jeglichen Bezug zur Natur, bei gleichzeitiger Degenerierung sozialer Kompetenzen. Während die Weltbevölkerung explosionsartig ansteigt und virtuelle Welten sich auf immer mehr Lebensbereiche der Menschen ausbreiten, kommt es zur Reduzierung natürlicher Lebensräume für Pflanzen und Tiere – und damit zum globalen Verlust der biologischen Vielfalt.

In Zeiten derart grundsätzlicher Veränderungen führe ich mit meinen Reisen und Veranstaltungen zurück zur Ursprünglichkeit. Ich präsentiere ein Leben mit und in der Natur und nutze wenig bis unbesiedelte, teils spektakuläre Landschaften, um dort auf offenen Holzfeuern das Thema Wein & Speisen zu entmystifizieren. Mit einheimischen Freunden und landestypischen Spezialitäten inszeniere ich regionale Ess- und Trinkgewohnheiten, zeige das Leben und den nachhaltigen Umgang mit der Natur in unterschiedlichen Kulturen und zelebriere die Einfachheit als ultimative Form des Luxus – eine Erkenntnis, die Leonardo da Vinci bereits vor 500 Jahren hatte. In entschleunigender Atmosphäre erschließt sich dann sehr schnell, dass Nachhaltigkeit keine Erfindung unserer heutigen Generation ist, sondern essenzieller Bestandteil vieler Völker und ethnischer Gruppierungen im verantwortungsvollen Umgang mit der Natur.

Im einzigartigen von Fynbos und kühlem Meeresklima geprägten Terroir der Appellation »Sondagskloof« entstehen Weine mit europäischer Eleganz. An der südafrikanischen Walker Bay bringt das *state-of-the-art* Weingut Hermanuspietersfontein kontinuierlich komplexe Weine mit außerordentlicher Lagerfähigkeit und »leckerem Trinkfluss« hervor.

»… überall dort, wo Menschen Wein anbauen, gibt es gute Weine – selbst in Frankreich!«

Über das Verständnis von Wein

Mit dieser bewusst provokanten Aussage möchte ich deutlich eine Lanze für ein zeitgemäßes Verständnis von Wein brechen. Viele Weinliebhaber glauben nach wie vor, guter Wein käme ausschließlich aus Frankreich oder Italien. Solche Aussagen sind Ausdruck ausgeprägter Ahnungs- und Orientierungslosigkeit und zeugen eher von Unverständnis der Materie Wein.

Die Aussage »Ich trinke nur Bordeaux« lässt da noch tiefer blicken. Das Anbaugebiet Bordeaux umfasst rund 100 000 Hektar Rebfläche und ist damit so groß wie alle deutschen Anbaugebiete zusammen – für viele unvorstellbar. »Welchen denn?«, frage ich dann gerne nach, wohlwissend, dass der Gesprächspartner lediglich eine vermeintliche Weinkompetenz vorgibt und meist subtil darauf hinweisen möchte, dass er sich diese weltberühmten Bordeaux-Weine finanziell auch leisten kann.

Zur Aufklärung: Lediglich drei Prozent der im Bordelais erzeugten Weine, nämlich die als Grand Crus und Crus klassifizierten Lagen, tragen zum Weltruf dieser schönen Region bei. Einzige Ausnahme ist Château Petrus aus dem Pomerol. Dieses weltberühmte Weingut ist nicht klassifiziert, sein Wein gehört aber dennoch zu den am teuersten gehandelten Weinen weltweit. Aufgrund der geringen Verfügbarkeit und der hohen, teilweise exorbitant hohen Preise erschließt sich die Welt der Bordelaiser Ausnahmeweine meist nur Sammlern, Freaks und Weinprofis aus Handel und Gastronomie.

Ein seriöser Weinkenner würde sich niemals auf ein einziges Land oder gar Anbaugebiet reduzieren, denn er weiß, was er gerade in der heutigen Zeit verpasst, wenn er die Vielfalt aller anderen Weinanbaugebiete weltweit ausblenden würde. Aber auch die Aussage, ausschließlich Weine eines einzigen Landes zu trinken, ist ohne Bedeutung, denn Frankreich zum Beispiel produziert auf rund 800 000 Hektar Rebfläche Weine unterschiedlichster Rebsorten, Stilistik und Machart vom Elsass bis zum Mittelmeer und von Bordeaux über die Loire bis in die Champagne. Derartige Aussagen orientieren sich – neben der Orientierungslosigkeit innerhalb der Materie an sich – oft an vermeintlichen Lifestyles, die man für sich selbst in Anspruch nimmt und mit denen man sich identifizieren möchte. *À la française* oder *savoir vivre* oder *laissez faire* oder *dolce vita*, diese Bezeichnungen werden immer wieder gerne genommen, um zu kommunizieren, dass man seinen Lebensstil einer gewissen Nationalität zuordnen möchte. So kommen dann sinnfreie Aussagen wie »Ich trinke nur Weine aus Frankreich« zustande, denn kaum einer dieser Sprücheklopfer ist in der Lage, einen Wein, der ihm schmeckt, einer Nationalität zuzuordnen. Hierbei werden lediglich von den Medien vorgefertigte Klischees bedient, die einen typischen Franzosen – um bei dieser Nationalität zu bleiben – im Blaumann mit »Batschkapp«, einem Baguette unter dem Arm, einer Flasche Rotwein in der Hand und einem Camembert in der Tasche darstellen, um damit bei dem nicht französischen Betrachter ein Lebensgefühl zu erzeugen, mit welchem er sich gerne identifizieren möchte. Auch der typische Deutsche läuft nicht – wie viele Asiaten glauben – Bier trinkend und Wurst essend durch das Zeitgeschehen und liest die Zeit zu Hause von einer Kuckucksuhr ab.

Rund sechs Millionen Hektar fruchtbares Land sind auf der Erde mit Reben bepflanzt, davon werden rund zweieinhalb Millionen Hektar zur Produktion von Tafeltrauben verwendet, und die verbleibenden rund dreieinhalb Millionen Hektar werden zur Weinerzeugung genutzt. Von geschätzten 10 000 existierenden Rebsorten sind rund 2500 Tonnen für die Weinbereitung zugelassen.

Qualitätsweine können aufgrund klimatischer Verhältnisse grob zwischen dem 30. und dem 52. Breitengrad nördlicher und südlicher Breite erzeugt werden. Auf der nördlichen Halbkugel ist es über dem 52. Breitengrad zu kalt und unterhalb des 30. zu heiß, um Qualitätsweinbau zu betreiben. Innerhalb dieses Gürtels liegen neben den klassischen europäischen Weinbauländern auch Rumänien, Moldawien, Georgien – alles Länder mit Tausenden von Jahren Weinkultur.

Große Teile des nördlichen Chinas, Südkorea und Japan liegen in dieser geografischen Zone. Auf dem nordamerikanischen Kontinent sind es die südlichen Teile Kanadas und große Teile der USA, die derzeit in 25 Bundesstaaten Weinbau betreiben, sowie Weinanbaugebiete im Norden Mexikos. Analog gilt dies umgekehrt für die südliche Halbkugel, wobei wir dort ab dem 40. Breitengrad ohnehin nur noch Wasser bis zur Antarktis vorfinden. Auf der südlichen Hemisphäre finden sich innerhalb dieses Gürtels Teile der Weinbau betreibenden Länder Südafrika, Argentinien, Uruguay, Brasilien, Chile, Neuseeland und Australien mit Tasmanien. Die globale Klimaerwärmung wird diese Grenzen in Zukunft verändern.

Der Charakter eines Weines wird im Wesentlichen beeinflusst von der Art des Bodens, in dem die Rebe wächst, von der Genetik der Rebsorte und den klimatischen Bedingungen, welche die Rebe umgeben. Zusammengefasst sprechen wir weinfachlich vom »Terroir«, also dem Zusammenspiel von Rebe, Boden und Klima. Die Stilistik, also das sensorische Erscheinungsbild eines Weines im Glas, wird von den Menschen geprägt, die diesen mit Leidenschaft vor ihrem eigenen kulturellen Hintergrund und ihrer jeweiligen Philosophie im Weinberg an- und im Keller ausbauen.

Ein Sauvignon Blanc zum Beispiel ist genetisch immer ein Sauvignon Blanc, der von den in seiner Genetik verankerten sensorischen Grundmerkmalen geprägt ist. Durch den Einfluss unterschiedlicher Bodenarten und klimatischer Bedingungen in den jeweiligen Anbaugebieten unterscheidet sich dann ein Sauvignon Blanc von kalkhaltigen Böden der Weinberge um die Stadt Sancerre an der Loire von einem Sauvignon Blanc von Lösslehmböden der warmen Mittelhaardt in der deutschen Pfalz. Ein Sauvignon Blanc von Schieferböden des Margaret River südlich von Perth in Westaustralien schmeckt anders als ein Sauvignon Blanc aus Südafrikas »Cool-climate-Region« Walker Bay …

In ihrer Zusammensetzung unterscheiden wir eine Vielzahl von Bodenarten. Zum einen physikalisch über deren Wasserhaltekapazität, unterteilt von »leicht« bis »schwer« wie Sand, Kies, Löss, Lehm oder Ton und deren unterschiedliche Mischungsverhältnisse wie sandiger Lehm oder lehmiger Ton und so weiter. Aber auch die chemischen Zusammensetzungen der Bodenarten variieren je nach Ursprung über ihren Gehalt an Stickstoff, Magnesium, Kalzium, Phosphat, Kalium und so fort. Die physikalische und chemische Zusammensetzung des Bodens beeinflusst maßgeblich die Ausprägung eines Weines.

Somit ist Wein stets der Ausdruck seines regionalen Ursprungs. Er reflektiert das Umfeld, in dem er »aufgewachsen« ist, und die Menschen, die ihn »erschaffen« haben. Multipliziert man nun die Anzahl der für die Weinbereitung zugelassenen Rebsorten mit den verschiedenen Bodenzusammensetzungen in allen Qualitätsweinbau betreibenden Ländern und diese wiederum mit den unterschiedlichen klimatischen Einflüssen, so versteht man, dass sich daraus eine gigantische Vielfalt an Weinen ergibt, die sich dem Laien, aber auch dem Weinliebhaber nur schwer bis gar nicht erschließt. Diese Fülle an unterschiedlichen Weinen, Bezeichnungen und Etiketten lässt das Thema Wein von außen betrachtet in einem schwer zu durchdringenden, kompliziert anmutenden Licht erscheinen, das nur von ausgebildeten Fachleuten verstanden und bewertet werden kann. Eine Situation, in der Orientierungssuchende nur allzu gern den »Gurus« folgen und Halbwissen und Fehleinschätzungen weit verbreitet sind.

Bewusst provokant reduziere ich das komplexe Thema Wein auf die entmystifizierende Aussage: Bei der unermesslichen Vielfalt an Weinen gibt es für den Konsumenten und Liebhaber nur ZWEI Weine – den, der schmeckt und den, der nicht schmeckt!

Bei der Weinauswahl, der Wahl des Partners oder der Kleidung geht es ausschließlich um den persönlichen Geschmack. Nur der Konsument selbst entscheidet, ob der Wein schmeckt oder nicht – und zwar unabhängig von Preis und Etikett, sehr wohl aber abhängig von individuellen Vorlieben und der Situation, in der man den Wein genießt. Es bewirkt einen großen Unterschied in der persönlichen Wahrnehmung, ob man einen Wein am Strand, allein auf der Couch oder bei einem stilvollen Dinner im Restaurant genießt.

Gemeinsam um einen Tisch oder um ein Feuer zu sitzen, das Essen teilen, trinken, lachen, reden, diskutieren und sich gegenseitig zu inspirieren, ist nicht nur sozialer Kern einer jeden Gesellschaftsform in allen Kulturen, sondern auch elementarer Bestandteil unserer authentischen Outdoor-Erfahrungen.

Über das ursprüngliche Verständnis von Essgewohnheiten und Speisen

Seit Beginn meines vinophilen Schaffens Mitte der 80er-Jahre übte die Einheit von Wein, Speisen und der Region, der sie entstammen, eine große Faszination auf mich aus. Als Önologe und »Weinmensch« weiß ich, dass Speisen und Wein zusammengehören. Sie ergänzen einander. Ein Wein ohne Speise entfaltet sein individuelles Aroma und besticht im Idealfall durch seinen Trinkfluss. Eine Speise ohne Weinbegleitung ist auf die Zubereitungsart fokussiert, die verwendeten Gewürze, das Mundgefühl (Textur) und das Geschmacksbild dieser Komponenten. Die Kombination einer Speise mit einem überlegt ausgewählten Wein erzeugt ein drittes Geschmacksbild, das die eine ohne den anderen nicht hat. Wein und Speise unterstreichen sich gegenseitig. Poetisch ausgedrückt tanzen beide miteinander auf der Zunge. Es entsteht eine Synergie. Eins plus eins ergibt in diesem Falle drei. Als Grundvoraussetzung für kulinarische Erlebnisse dieser Art bedarf es einer gewissen sensorischen Sensibilität und Genussfähigkeit.

Über diese organoleptischen Harmonien hinaus hatte ich schnell verstanden, dass man durch den Ursprung eines Weines, eine Speise oder deren Zubereitungsart sehr viel über Menschen und ihre Kultur erfahren kann. Für Weine und Speisen gilt der gleiche Zusammenhang. In allen ethnischen Gruppierungen, denen sie entstammen, reflektieren sie Regionalität, Heimat und sogar Mentalität. Der entdeckerische und respektvolle Umgang mit Speisen und deren Zubereitungsarten in unterschiedlichen Regionen vermittelt zwischen den Kulturen und erweitert das interkulturelle Bewusstsein. Es erfordert Leidenschaft, Respekt und Toleranz, möchte man den Ursprung einer Zubereitungsart oder einer Speise ergründen. Auf meinen Reisen beschäftige ich mich mit den Ess- und Trinkgewohnheiten verschiedener Völker und deren ethnischer Gruppierungen. Diese Erfahrungen vermittle ich – vereinfacht und reduziert auf das Wesentliche – mit viel Freude am Leben und der Natur.

Je mehr man sich auf Essgewohnheiten und fremdartige Speiseverständnisse einlässt, um so mehr erweitert sich der eigene Horizont im Umgang mit anderen Kulturen. Ich empfinde es grundsätzlich als reduzierend, andere Kulturen abzuwerten, nur weil diese Kulturen andere, für uns fremde oder eigenartige Ernährungsweisen pflegen. Als Europäer sucht man beispielsweise in einem chinesischen oder südostasiatischen Lebensmittelsupermarkt vergeblich nach der Käseabteilung. Denn was der Europäer allgemein mit der Überschrift »Käse« bezeichnet, ist in China »verfaulte Milch«. Und ein Camembert, Brie oder Chaource im Speziellen ist Milch, die so faul ist, dass sich bereits Schimmel darauf gebildet hat. Ein Stück *dry aged* Rindfleisch, das über den Reifeprozess bis zu 25 Prozent seiner Feuchtigkeit (Wasser) verloren und auf dessen Oberfläche sich eine aromatisierende Schimmelschicht gebildet hat, ist für das Verständnis traditioneller Chinesen »altes Schimmelfleisch«.

In der asiatischen Esskultur steht Frische an oberster Stelle. Ein Tier wird meist erst unmittelbar vor der Zubereitung geschlachtet, um die Energie des Lebens in die Speise zu übertragen. In westlichen Kulturen müssen viele geschlachtete Tiere zunächst abgehangen werden, damit ein enzymatischer Verwesungsprozess gestartet wird, der das Fleisch zarter macht. Unvorstellbar in vielen asiatischen Kulturen. Die Speisezubereitungen in Wok oder Dampfgarer erfolgen deshalb meist sehr schnell und unter sehr hohen Temperaturen. Deutlich heißer als in westlichen Kulturkreisen. Eine andere Form der Lebensmittelhygiene. Bei Gemüse beispielsweise bleiben dadurch Vitamine erhalten und Mineralstoffe verfügbar, die durch langes Weichkochen im Wasser ausgelaugt und denaturiert werden.

Rund ein Viertel der Weltbevölkerung verspeist leidenschaftlich Insekten. Diese sind ein sehr günstiger, leicht einzusammelnder und zu vermehrender Proteinlieferant insbesondere in Entwicklungsländern. Außerhalb des europäischen Kulturkreises haben sich regelrechte »Insektenküchen« auf allen Kontinenten etabliert. In europäischen Kulturkreisen erregt bereits der Gedanke meist Ekel. Ich habe in China, Vietnam und Thailand verschiedene Insekten-Interpretationen von Hornissen, Heuschrecken bis zu Wasserkäfern und Maden gegessen. Zunächst braucht es Überwindung, bis sich der vollmundige Geschmack oder das knusprig-würzige Mundgefühl einstellt und tatsächlich Lust auf mehr erzeugt. Im schwarzafrikanischen Zimbabwe werden als traditionelle Delikatesse etwa drei bis fünf Zentimeter lange und eins bis zwei Zentimeter dicke, grüne Würmer – Madora- oder Mopane-Wurm genannt – aus der Rinde des gleichnamigen Mopane-Baumes gesammelt und von ihren Innereien gesäubert. Während des anschließenden Trocknungsprozesses nehmen sie eine schwarz-braune Farbe an und gelangen in getrockneter Form in großen Mengen in jeden Supermarkt. In Wasser eingeweicht und in etwas Öl mit Chili und Knoblauch gebraten, entfaltet sich dann ein angenehm feinwürziges Aroma mit fruchtiger Schärfe, getragen von der zarten Textur des Wurmes. Größtenteils sind Not oder Entbehrung die Basis für frische, schmackhafte und nährstoffreiche Zubereitungen.

Meist haben wirtschaftlich ärmer gestellte Gesellschaftsschichten ein bodenständiges und nachhaltiges Verhältnis zu Lebensmitteln und eine ausgeprägte Nähe zur Natur. Betrachtet man die globale Entwicklung und geografische Konzentration von Industriegesellschaften im Gegensatz zu wirtschaftlich ärmeren Agrargesellschaften oder gar Entwicklungsländern, so drängt sich sehr schnell die Feststellung auf: »Von den Armen lernt man das Kochen und von den Reichen das Sparen«. Alle einschlägigen Quellen belegen seit Jahren den klaren Trend, je höher das Bruttoinlandsprodukt (monatliche Einnahmen), desto niedriger die Ausgaben für Nahrungsmittel. Am niedrigsten sind die Ausgaben in den hoch industrialisierten Ländern USA, Großbritannien, Schweiz und Kanada. In der europäischen Rangliste der Länder, die am wenigsten für Lebensmittel investieren, rangiert Deutschland unter den ersten sechs. Den größten Anteil ihres privaten Einkommens geben heutzutage Rumänen für Nahrungsmittel aus.

Essgewohnheiten unterliegen einem ständigen Wandel und wurzeln meist in der neuzeitlichen Historie der jeweiligen Kulturen.

China erlebte Ende der 1960er- bis Anfang der 1970er-Jahre durch die rücksichtslose und falsche Planwirtschaft Mao Zedongs die größte Hungersnot in der Geschichte der Menschheit. Mao ordnete an, Felder brachliegen zu lassen, um die Gesamtwirtschaft auf Schwerindustrie umzustellen. Diese Fehlplanung zerstörte die chinesische Landwirtschaft in weiten Teilen und kostete laut offiziellen Angaben in einem Zeitraum von drei Jahren bis zu 50 Millionen Menschen das Leben. In ihrer Not begann die hungernde Landbevölkerung, Haustiere, Insekten, Schlangen und selbst die Rinde und Blätter von den Bäumen zu essen. Selbst der Kannibalismus entwickelte sich in einem noch nie in der Geschichte des 20. Jahrhunderts dagewesenen Ausmaß. Sehr gerne werden diese außerordentlichen historischen Begebenheiten aus dem Zusammenhang gerissen und kolportiert, Chinesen essen grundsätzlich Ungeziefer, Schlangen, Tierembryos und ihre eigenen Haustiere. Das ist falsch.

In Deutschland war die Zeit nach dem Zweiten Weltkrieg geprägt von Entbehrung und Hungersnot. Neben der Herausforderung der generellen Verfügbarkeit trat die Haltbarkeit von Nahrungsmitteln wie beispielsweise Kohl (Kraut), Steckrüben, Kartoffeln, Linsen und Rote Beten in den Vordergrund. Fleisch war grundsätzlich ein knappes und teures Nahrungsmittel, das erst mit der Ausbreitung der Landwirtschaft in den 1950er- und 1960er-Jahren wieder Einzug in die Haushalte der deutschen Nachkriegszeit fand. Schweinefleisch war in dieser Zeit am beliebtesten. Schweine konnten unkompliziert aufgezogen werden und lieferten hohe Anteile an Fett für die energetische Versorgung der Menschen während der kalten deutschen Winter. Wurstwaren, durch Räuchern haltbar gemacht, etablierten sich. In der Zeit des wirtschaftlichen Aufschwungs entwickelte sich Fleisch zum Symbol für Wohlstand. Mit der Zuwanderung von Gastarbeitern und der beginnenden Reisewelle in den 1960er- und 1970er-Jahren hielten insbesondere italienische Nahrungsmittel Einzug in die kulinarische Landschaft Deutschlands. Ein Klassiker dabei waren Ravioli in Dosen. Eine typisch deutsche Interpretation italienischer Küche. Auch der Chianti-Wein in Korbflaschen mit langen, gedrehten Flaschenhälsen wurde zum Inbegriff deutsch-italienischen Lebensgefühls. Deutschland entwickelte sogar seine eigene Pizzakultur. Pasta gilt in Deutschland als Inbegriff italienischer Lebensart. In keinem Land der Erde – außer in Italien selbst – gibt es eine so hohe Anzahl an italienischen Restaurants wie in Deutschland.

Der Vollständigkeit halber sei hier erwähnt, dass der venezianische Handelsreisende Marco Polo die Nudel im 13. Jahrhundert in China entdeckte und sie nach seiner Rückkehr in Italien einführte. Seit dieser Zeit haben die Italiener die Pasta-Kultur weiterentwickelt. Den ältesten Beweis für die Existenz der Nudel bringt ein Fundstück, das bei Ausgrabungen in China entdeckt wurde – ein 4000 Jahre alter Topf mit Nudeln. Es gibt weitere Fundstücke, die beweisen, dass die Nudelherstellung bereits vor Marco Polos Entdeckung sowohl in Griechenland als auch auf Sizilien existierte.

Auch Pferdefleisch gilt in fast allen Kulturkreisen der Welt als eines der ältesten Nahrungsmittel der Menschen. Nicht nur in der europäischen Kultur entspringt der Verzehr von Pferdefleisch dem nachhaltigen Ansatz, in das hohe Alter gekommene Haus- oder Nutzpferde zu schlachten und damit der menschlichen Ernährung zu dienen, insbesondere in ärmeren Gesellschaftsschichten. So gilt der »Rheinische Sauerbraten« aus Pferdefleisch in der deutschen Kultur als ein Klassiker. Das zähe Fleisch der alten Tiere wird dazu in einer Marinade aus Wasser, Essig, Wein und Gewürzen gebeizt, um es zarter zu machen. Auch im Islam ist der Verzehr von Pferdefleisch grundsätzlich erlaubt. In den jüdischen Speisegesetzen hingegen ist der Verzehr von Pferdefleisch untersagt, da Pferde weder zu den Wiederkäuern noch zu den Paarhufern gehören.

Meist ist es die geschichtliche Entwicklung eines Landes oder Kulturkreises, die das Drehbuch für Koch- und Essgewohnheiten seiner Bewohner schreibt.

Ende des 17. Jahrhunderts richtete die niederländische Ostindien-Kompanie am südafrikanischen Kap, dem heutigen Kapstadt, eine Versorgungsstation ein. Die zwischen Europa und Indien pendelnden Schiffe wurden dort von der einheimischen Bevölkerung, den Ureinwohnern des heutigen Western Cape, mit Frischwasser und Proviant versorgt. Aus den niederländischen Kolonien des Malaiischen Archipels (Indonesien, Indien, Malaysia) gelangten muslimische Sklaven auf dem Rückweg nach Europa in die südafrikanische Kolonie. Mit ihnen kamen Gewürze wie Kardamom, Kurkuma, Koriander, Zimt, Ingwer und Chili nach Südafrika. Die zwangsangesiedelte ethnische Gruppe der Kapmalaien vereinte die Gewürze ihrer Heimat mit traditionellen südafrikanischen Zutaten wie Süßkartoffeln, Kürbis, getrockneten Aprikosen und Rosinen. Mit ihren Kochgewohnheiten haben die Kapmalaien die südafrikanische Küche wesentlich beeinflusst. Es etablierte sich die »Cape Malay«-Küche. Parallel gelangten mit niederländischen, französischen und deutschen Siedlern auch europäische Einflüsse nach Südafrika. Mehr denn je reflektiert heute die bunte Vielfalt der südafrikanischen Küche das Land als Schmelztiegel der Kulturen.

Die Frucht des Kakaobaumes stammt aus Südamerika und wurde von den Olmeken und Azteken nach Vergärung und Trocknung zu Pulver gemahlen. Das bitter schmeckende Pulver wurde mit Wasser verdünnt als Medizin gereicht. Es war reich an Antioxidantien und wirkte stimmungsaufhellend auf die Psyche. Anfang des 16. Jahrhunderts, dem Zeitalter der spanischen Kolonialisierung und der Konquistadoren, gelangte die Kakaobohne mit den Spaniern nach Europa. Christoph Kolumbus brachte von seiner legendären Reise 1492 die ersten Kakaobohnen mit. Hierzulande wurde das ungenießbare Getränk mit Honig und Zucker vermischt, um es trinkbar zu machen. Dies war die Geburtsstunde kakaohaltiger Getränke und besiegelte den Einzug der Schokolade in den europäischen Kulturkreis. Das aztekische Lehnwort *xoxolatl* oder *xoco-atl* heißt übersetzt »bitteres Wasser«.

Nicht nur die Kakaobohne, sondern auch die Kartoffel und die Chilischote, die ihren Ursprung im Amazonasbecken hatte, brachte Christoph Kolumbus von seinen ausgedehnten Entdeckungsfahrten aus Südamerika mit nach Europa. Insbesondere die Chilischoten gelangten dann schnell über die internationalen Handelswege der portugiesischen Seefahrer nach China. Zunächst in den in Südchina an der Mündung des Perlenflusses gelegenen portugiesischen Handelshafen Macau. Von dort über die Seidenstraße in die chinesischen Provinzen Hunan und Sichuan. Dort begründete die Chilischote die beiden gleichnamigen, sehr scharfen Küchenrichtungen, die eine in Kombination mit Sichuan-Pfeffer (Sichuan-Küche) und die andere im Wesentlichen in Kombination mit Kreuzkümmel (Hunan-Küche). Von China gelangten die Chilis dann nach Thailand und Indien, von dort aus in das östliche Europa (Ungarn und Türkei) und schließlich bis nach Deutschland. In allen Ländern und Gebieten erkannte man die sehr gesunde, hoch antioxidative und antibakterielle Wirkung des Hauptinhaltsstoffes Capsaicin auf den menschlichen Organismus.

Diese kurze Exkursion in die Entstehungsgeschichte von Speisen zeigt auf, wie spannend die Zusammenhänge in ihrer historischen Entwicklung zwischen den Kulturen und ihren ethnischen Gruppierungen sind. Ohne Respekt, Toleranz und das daraus entstehende Interesse aneinander bleiben diese im Verborgenen. Es entstehen Unverständnis und sinnlose Ablehnung.

Über das kulinarische Verständnis in den Kulturen

Wein, Speise, Mensch werden gleichermaßen von ihrem Umfeld geprägt, gehen Hand in Hand und wirken aufeinander. Auch Menschen werden von ihrem Umfeld und ihrem »Terroir« geprägt. Erst gegenseitiger Respekt und Toleranz erschließen die beeindruckende Vielfalt des unterschiedlichen Speisenverständnisses in den Kulturen. So wie Art und Zusammensetzung des Bodens und das Klima den Charakter eines Weines beeinflussen, so beeinflusst auch der »Lebensraum« die kulturelle und kulinarische Ausrichtung eines Menschen. Über den Tellerrand der eigenen Kultur zu schauen, bedeutet auch, die Perspektive auf sich selbst und sein eigenes Handeln zu verändern. Durch den Perspektivenwechsel beginnt dann die eigentliche Entdeckungsreise.

Ich beschäftige mich leidenschaftlich mit drei Bereichen, die ein Leben ausmachen und die somit zu den essenziellen Bereichen des Lebens gehören – Essgewohnheiten, Trinkgewohnheiten und Religion. Wie oder was isst ein Mensch, wie oder was trinkt ein Mensch und wie und an was glaubt ein Mensch? Jeder Mensch glaubt an irgendetwas und jeder Mensch hat einen spirituellen Bezugspunkt. Heißt dieser nun Jesus, Mohammed oder Buddha. Alle drei hatten in ihrer jeweils monotheistischen Religion die gleiche Funktion. Alle drei haben tatsächlich gelebt und verkörperten die Werte der jeweiligen dahinterstehenden Glaubenslehre. In den polytheistischen Religionen agiert eine Vielzahl unterschiedlicher Gottheiten und Naturgeister mit ihren eigenen Persönlichkeitsstrukturen und Eigenschaften vorbildlich für die jeweils Gläubigen. Die ausführlichen Niederschriften dieser Glaubenslehren geben viel Raum und Nährboden für die Interpretation dieser »Handbücher«. Jede Glaubenslehre hat ihre absolute Berechtigung. Beschäftigt man sich respektvoll und tolerant mit ihren Werten, erweitert sich nicht nur das eigene Bewusstsein, sondern man beginnt, seine eigenen Annahmen zu hinterfragen und sich persönlich in bedeutenden Bereichen weiterzuentwickeln.

Die Gastfreundschaft der in der Einsamkeit der mongolischen Steppe lebenden Nomaden ist einzigartig. Ausnahmslos jeder Fremde, der sich einer Jurte nähert, wird mit einem Tee oder Airag (vergorene Stutenmilch) und einer der zahlreichen aus Schafs- oder Ziegenmilch hergestellten Hartkäsespezialitäten begrüßt.

Reist man als europäischer Geschäftsmann nach Asien, um dort Geschäfte zu tätigen, und beschäftigt sich im Vorfeld nicht mit der Mentalität der Menschen und des Marktes, so ist die Unternehmung von Beginn an zum Scheitern verurteilt. Gleiches gilt umgekehrt für einen Vietnamesen, der in Frankreich ein Geschäft aufbauen möchte.

Schon rein optisch unterscheidet sich ein Europäer von einem Schwarzafrikaner und einem Asiaten. Es ist auch einfach zu verstehen, dass sich ein Italiener von einem Deutschen und beide wiederum von einem Chinesen unterscheiden. Es unterscheiden sich aber auch ein Chinese aus Harbin im äußersten kalten Norden des Landes von einem Chinesen aus Guangzhou im äußersten heißen Süden grundsätzlich voneinander, obwohl beide Chinesen sind. Ein Italiener aus Mailand hat nichts mit einem Sizilianer aus Palermo gemeinsam und auch einen Hamburger und einen Münchner trennen Welten voneinander, obwohl wir in beiden Fällen von Italienern und Deutschen sprechen. Diese Beispiele könnte man weiter durch alle Kulturen deklinieren. Alle haben aber eine wunderbare und einmalige Gemeinsamkeit! Sie alle sind Menschen und leben als ein Teil der Natur, aus der sie zusammen mit Tieren und Pflanzen entstammen.

Das kulinarische Verständnis hat sich innerhalb verschiedener Kulturen unterschiedlich entwickelt. Im heutigen Europa sind Ernährung und Medizin deutlich voneinander getrennt. Im asiatischen Verständnis ist Ernährung ein wesentlicher Teil der Präventivmedizin.

In der Mongolei leben mehr wilde Pferde als Menschen. Die Pferde der Nomaden sind sehr robust, genügsam und ausdauernd. Sie leben über das gesamte Jahr im Freien. Sie dienen als Arbeitstiere im täglichen Leben, suchen sich ihr Futter selbst, liefern Milch und in zunehmenden Maßen auch Fleisch.

Die traditionelle chinesische Ernährungslehre basiert wie auch die allgemeine chinesische Philosophie auf dem Harmonie-Prinzip der beiden im Gleichgewicht stehenden Kräfte Yin und Yang. Sie wirken entgegengesetzt und ziehen sich gleichzeitig an. Dabei sind sie unzertrennlich und ergänzen sich. So werden Lebensmittel grob in heiß, kalt und neutral aufgeteilt. Der Vollständigkeit halber sei erwähnt, dass es noch zwei weitere Abstufungen, nämlich »kühl« und »warm« gibt. Diese Einteilung bezieht sich allerdings nicht auf deren Temperatur, sondern vielmehr auf die ernährungsphysiologische Wirkung auf den Körper, respektive auf den Zeitpunkt oder die Jahreszeit, in der man sie verzehrt. So kann man durch die Wahl der Lebensmittel Mangelerscheinungen oder wetterbedingter Kälte oder Hitze entgegenwirken. Wärmend auf den Körper wirken unter anderem Rotwein, Wild- und Lammfleisch, Lachs, Wurzelgemüse, Wacholder, Kürbis und Walnüsse. Kühlend wirken unter anderem Milch, Bier, Roggen, Südfrüchte und Salat.

Im jüdischen Glauben hingegen dienen Speisegesetze dazu, den Menschen zur Herrschaft über seine Gelüste zu erziehen. Freude am Essen und Trinken soll nicht als Zweck des menschlichen Daseins gesehen werden. Die jüdischen Speisegesetze verbieten den Verzehr von Speisen, die laut Thora dem menschlichen Körper oder der Seele schaden können. Die Speisen müssen für den menschlichen Verzehr tauglich (koscher) sein. Als koscher werden domestizierte Tiere bezeichnet, die Paarhufer sind und wiederkäuen. Dazu zählen unter anderem Rinder, Schafe und Ziegen, nicht aber Schweine. Fische und Meeresfrüchte müssen Flossen und Schuppen haben, um koscher und damit zum Verzehr geeignet zu sein. Hecht und Forelle sind koscher, Aal und Schwertfisch nicht.

Mongolische Nomaden leben im Einklang mit der Natur. Ihre Lebens- und Ernährungsweisen sind von Schamanismus und Animismus geprägt. Neben den lebenden Wesen haben auch unbelebte Objekte wie Steine, Bäume, Himmel, Erde und Wasser eine Seele. Ihre Nutztiere wie Pferde, Ziegen, Schafe, Rinder, Yaks und Kamele leben ohne Zäune im direkten Umfeld der Nomadenfamilien. Nomaden ernähren sich als Selbstversorger vom Fleisch und den sehr zahlreichen Milchprodukten ihrer Nutztiere. Beim traditionellen Schlachten eines Tieres wird penibel darauf geachtet, dass kein Blut die Erde benetzt. Vom Blut des Tieres wird unmittelbar nach der Schlachtung getrunken und der Natur für ihre Gabe gedankt. Innereien und Fleisch werden separat in gewürzten Suppen gekocht. Ein Teil des Fleisches wird getrocknet und eingelagert, um es zu einem späteren Zeitpunkt wiederum in einer Suppe auszukochen und zu verzehren. Die geschlachteten Tiere werden komplett verwertet. Bis zur Schlachtung lebt das Tier in Freiheit und ernährt sich aus seinem natürlichen Umfeld.

Neben historischen Entwicklungen und dem unmittelbaren, naturgegebenen Umfeld (Terroir) prägen religiöse Inhalte und gesundheitliche Aspekte wesentlich den Umgang mit Speisen in den verschiedenen Kulturen. Speisen und deren Zubereitung sind essenzieller Ausdruck der Mentalität eines Volkes. Für einen respektvollen Umgang mit den Werten anderer Kulturen bedarf es eines selbstbewussten Maßes an Toleranz und er dient der Verständigung zwischen den Völkern. Bildung, Respekt, Toleranz und natürliche Bodenständigkeit sind die Grundpfeiler für das Zusammenleben unterschiedlicher Gesellschaftsformen und Kulturen.
In der virtuellen Realität hoch industrialisierter Konsumgesellschaften verlieren sich diese essenziellen Werte rasant. Mit meinen Darstellungen in diesem Buch möchte ich dieser Entwicklung entgegenwirken.

»Von Natur aus sind die Menschen fast gleich; erst die Gewohnheiten entfernen sie voneinander.« (Konfuzius)

KAPITEL 2

CULINARY TRAVELS

Mit unseren Jeeps stoppen wir an einem Seitenarm des Flusses Eg, um in unberührter Natur einige Kilometer mit der Fliege auf Äschen und den asiatischen Lenok aus der Familie der Salmoniden zu fischen. Wir befinden uns etwa 100 Kilometer entfernt von der Grenze zu Sibirien.

← Red Snapper vom Holzfeuer im 1500 Jahre alten Milkwood Forest in Südafrikas exklusivem Fynbos-Naturreservat Grootbos (Walker Bay)

↑ Ganzer Steinbutt vom Holzfeuer im »Culinary Fishing Winter Camp« an Südschwedens Ostküste bei Brantevik

Culinary Outdoor

Von spanischen Feldarbeitern lernte ich Mitte der 1980er-Jahre während eines Praktikums auf einer Avocado-Plantage in der Nähe von Malaga, wie man eine Paella traditionell zubereitet. Mich faszinierte, dass die Zubereitung der Paella damit begann, Holz für das Feuer zu sammeln. Die Vorbereitung der Zutaten verteilte sich an diesem Sonntag auf eingeladene Freunde und Familien. Jeder leistete einen Beitrag zum Gelingen dieses traditionellen Gerichtes. Mit Muschelschalen als Besteck wurde die Paella gemeinsam direkt aus der Pfanne gegessen. Bereits bei der Zubereitung und auch während des Essens gab es reichlich Rotwein. Ich lernte, dass Paella lediglich das Wort für »Pfanne« ist. Und ich lernte, dass der eigentliche Anlass des Zusammentreffens der Zubereitung und dem Zusammensein der Menschen während des Essens galt. Der Spanier sagt: »Es gibt 365 verschiedene Zubereitungsarten für Paella – eine für jeden Tag.« Jedes traditionelle Rezept reflektiert die Region, der es entstammt. Gleiches sagt man auch in Portugal über das Nationalgericht Bacalhau – den Stockfisch (Paella-Zubereitung im Rezeptteil).

Im nordmexikanischen Vale de Calafia erlebte ich ein Jahr später bei einer privaten Einladung auf einem Weingut die Zubereitung von circa 50 Wachteln über dem offenen Rebholzfeuer. Serviert wurden die knusprigen Vögel als *light lunch* in einer etwa 400 Quadratmeter großen, rechteckigen Arkadenhalle, die nach allen Seiten offen war. Die Wände waren innen und außen weiß getüncht und die Arkadenbögen traditionell mit grünen und gelben Fliesen eingefasst. Das Dach bestand aus rot-braunen Terrakotta-Ziegeln. Sechs Personen saßen inmitten 700 Hektar bewässerter Weinberge der Finca, umzingelt von einer sanften Hügelkette, die uns von der umgebenden Halbwüste trennte. Die Halle war leer und offen, das Dach spendete Schatten in der windstillen Mittagshitze. Ein einziger rechteckiger Tisch stand in der Hallenmitte. An diesem Tisch aßen wir von einer großen Terrakotta-Platte mit den bloßen Fingern die holzbefeuerten, saftig-würzigen Wachteln. Die Selbstverständlichkeit dieser Inszenierung von Natur, Wein und Speise beeindruckte mich nachhaltig (Wachtel-Zubereitung im Rezeptteil).

↖ Kulinarisches Camp-Highlight: Königskrabben-Beine vom Holzfeuer

↗ Südafrikanischer Chili-Gin *on the rocks* – auch in den Winter Camps der nördlichen Hemisphäre immer eisgekühlt

↑ Frische, meist regionale Produkte machen die Speisekammern unserer Camps aus. Fisch, Fleisch, Meeresfrüchte und Gemüse. Gerne spielen wir aber auch mit exotischen Zutaten, je nach Destination. Außergewöhnliche internationale Wein- und südafrikanische Gin-Spezialitäten sind Standardbegleiter an unseren Feuern.

← Rosé-Doraden und Rinderfilet – unsere Outdoor-Verpflegung ist grundsätzlich *reduced to the max*, einfach und ehrlich. Konzentration auf das Wesentliche!

»Die Wildnis ist nicht ein Ort, den wir besuchen – sie ist unsere Heimat.« (Gary Snyder)

In der süddänischen Bucht von Apenrade zelebrieren wir Tauben über dem Holzfeuer als *light lunch* während unserer täglichen Jagd nach dem »Baltischen Silber« – der Meerforelle, dem »Fisch der tausend Würfe«.

↑ Mit Freund »Chef Jonas Schäfer« aus Transsilvanien beim Garen einer Rehkeule über dem Holzfeuerring am Strand von Apenrade in Süddänemark – gegenseitige kulinarische Inspiration

↗ Saimaa-Seengebiet: Picanha vom argentinischen Black Angus im südfinnischen Sommer-Camp auf dem Inselchen Kalamajasaari (links). Hirschkeule in Eis und Schnee über Birkenholz gegart im Wald von Pellossalo während eines unserer südfinnischen Winter-Camps (rechts)

Im gleichen Jahr zelebrierten wir im dichten Nadelwald der Mayacama-Berge im Sonoma Valley nördlich von San Francisco die Zubereitung eines Wildschweines am Spieß. Der Kellermeister des Weingutes, in dem ich zu dieser Zeit arbeitete, erlegte das Tier und lud die Weinkellermannschaft in seine Waldhütte in den Bergen ein. Leidenschaftlich präsentierte er seinem multinationalen Team die kalifornische Lebensart. Um das lodernde Feuer in der Dunkelheit des Waldes saßen eine Schwedin, eine Schottin, fünf Amerikaner, ein Australier, ein Neuseeländer und ein Deutscher. Ehrengast an diesem Abend war mein Vater, der mich im Wald besuchte. Wir drehten den Wildschwein-Frischling bei indirekter Hitze und niedriger Temperatur über einen Zeitraum von drei Stunden abwechselnd von Hand. Während das Waldtier sich über den glühenden Holzscheiten seiner kulinarischen Vollendung näherte, philosophierten wir darüber, wie man das Wildschwein in der jeweiligen Kultur zubereiten würde und natürlich, welcher Wein am besten dazu passt. Bevor wir das Tier dann vollends mit scharfen Messern und bloßen Fingern verspeisten, spielte die Schottin auf ihrem mitgebrachten Dudelsack den Klassiker *Amazing Grace* in der nächtlichen Stille des Waldes … Die Ursprünglichkeit der Choreografie dieses für alle Teilnehmer hochemotionalen Erlebnisses brannte sich in meine DNA ein und prägt mein Schaffen und Verständnis um die kulinarische Inszenierung der Natur und ihrer Gaben bis zum heutigen Tag (Wildschwein-Zubereitung im Rezeptteil).

Ende der 1980er-Jahre erlernte ich während meiner Zeit auf verschiedenen Weingütern in Bordeaux die Bedeutung von *sarments de vigne* bei der Zubereitung von Fleisch auf offenem Feuer. Lehrmeister waren meine Bordelaiser Schwiegereltern in Saint Caprais de Bordeaux. Kulinarische Klassiker der Bordelaiser Landküche wie »Entrecôte à la bordelaise« (Ribeye), »Magret de Canard au poivre vert« (Entenbrust mit Grüner-Pfeffer-Sauce), »Tricandilles à la bordelaise« (knusprige Schweinedärme), »Pigeons aux sarmants« (Tauben), »Cotelettes d'Agneau« (Lammkoteletts) oder »Gigot d'Agneau« (Milchlammkeule) werden traditionell auf *sarments de vigne* (Rebholz oder Rebenästen) zubereitet. Alle Gerichte sind Ausdruck der bodenständigen Bordelaiser Lebensart. Das sehr heiß verglühende Rebholz verleiht dem Grillgut ein unverwechselbares Aroma. Im Unterkapitel »Feuertechnik & Holz« in Kapitel vier stelle ich das Prinzip dieser Feuertechnik vor (alle Bordelaiser Zubereitungen im Rezeptteil).

Mit Beginn der 1990er-Jahre zog es mich nach dem Studium der Önologie auf die südliche Hemisphäre. Meine önologisch-kulinarischen Erfahrungen setzten sich in Südafrika fort, angetrieben von den mächtigen Wurzeln meiner Erlebnisse in den späten 1980er-Jahren. Aus den Begegnungen mit einheimischen Menschen, meinen authentisch-kulinarischen Erfahrungen in der Kapprovinz und der beeindruckenden Biodiversität des Cape Floral Kingdom entwickelten sich später kulinarische Outdoor-Reisekonzepte, von denen wir in diesem Buch eine Auswahl vorstellen. Mir wurde bewusst, warum das südliche Afrika »die Wiege der Menschheit« genannt wird. Die entschleunigende Inszenierung der Natur und ihrer Gaben vor dem Hintergrund humanistischer Werte wurde mir zur Herzensangelegenheit.

Weißwedelhirsch im Feuerring und frisch gefangene Felchen (Siikas) zubereitet in der Stille und Einsamkeit der Bucht Povenlahti im Saimaa-Seengebiet im Süden Finnlands

Motiviert durch die gesellschaftlichen Entwicklungen im Wandel der Zeit um die Jahrtausendwende entstand das erste kulinarische Outdoor-Konzept »Authentic Cape«. Mit der Darstellung der Ursprünglichkeit in der Zubereitung von Speisen in einem Land, in dem die ersten Menschen das Feuer einfingen, wollte ich einen Gegenpol zu den stetig fortschreitenden virtuellen Parallelwelten setzen. Aus »Authentic Cape« entwickelte sich sehr schnell im Norden Südafrikas und Süden Namibias das nächste kulinarische Abenteuer »Authentic Bush«. Schauplätze dieser kulinarischen Inszenierungen sind die Halbwüste der Karoo, Namaqualand sowie die Ausläufer der Kalahari- und Namibwüste um den Orange River.

Aus dem wachsenden kulinarischen Netzwerk meines Schaffens und dem daraus resultierenden zusätzlichen Fokus auf asiatische Kulturen entstand in den spektakulären Steppenlandschaften der Mongolei mit »Authentic Steppe« eine weitere Destination um die Darstellung der Lebens- und Ernährungsweise der Nomaden – eine Reise in die Zeit vor der Zivilisation.

In den vergangenen 20 Jahren folgten sukzessive und deutlich entfernt von allen Standards weitere spannende Destinationen an eindrucksvollen Orten Europas wie Transsilvanien, Finnland, Island, Dänemark und Portugal.

Das hautnahe Erleben von Wasser, Erde, Luft und Feuer bildet einen mächtigen Gegenpol zum täglichen Leben in einer immer virtuelleren Welt. Meine kulinarischen Camps zelebrieren ein Maximum an Reduktion und ich inszeniere nachhaltig eindrucksvolle Naturerlebnisse. Unkonventionelle Zubereitungsarten von regionalem Fleisch, Fisch und frischem Gemüse auf offenen Holzfeuern in freier Natur entschleunigen und konzentrieren auf das Wesentliche.

»Fliegenfischen ist unbestritten eine natürliche Form von Kunst und untrennbar mit Gefühl und Leidenschaft verbunden. Flüsse ziehen Menschen seit jeher auf magische Weise mit ihrer zeitlosen Schönheit in den Bann. Fließendes Wasser, ob kräftiges monotones Rauschen oder vergnügt verspieltes Plätschern, besitzt die faszinierende Kraft, die menschliche Seele zu beruhigen und die Gedanken schweifen zu lassen. Für Fliegenfischer sind Flüsse aber noch mehr als ein Quell der Ruhe und Zuflucht, der von außen nur betrachtet wird. Der Fliegenfischer wird Teil des Flusses und tritt unmittelbar ein in eine komplexe Welt, die dem Grundgesetz der Strömung unterliegt.«

(Alexander Keus)

Culinary Fishing

Als Zwölfjähriger brachte mir mein Großvater das Fischen bei. Er weckte in mir die Leidenschaft für dieses erdende Erlebnis im Umgang mit der Natur. Ich lernte Verantwortung und Respekt gegenüber der Kreatur. In der Stille des Nachtangelns erlebte ich die Faszination des magischen Moments, wenn bei Sonnenaufgang die Nacht dem Tag wich und am Abend die Dunkelheit wieder den Tag ablöste. Wenn der Tag erwacht, erwacht auch die Natur mit all ihren Lebewesen, Geräuschen und Gerüchen. Wasser, Erde, Holz, Laub und Wiese werden riechbar wie zu keinem anderen Zeitpunkt des Tages. Mit Einsetzen der Dämmerung verschwinden Geräusche und Gerüche verändern sich. Die Nacht bringt fesselnde Stille. Der Lichtwechsel ist eine sehr mächtige Eigenschaft der Natur und in freier Natur lässt er Menschen Ehrfurcht und Demut erfahren. Ehrfurcht und Demut vor Natur und Schöpfung bilden die Basis für respektvollen und toleranten Umgang miteinander. Wenige Menschen unseres Kulturkreises verbringen diese Zeiten im Wald, auf der Wiese oder am Wasser.

Besuch einer Nomadenfamilie in der nordmongolischen Provinz Bulgan mit unserem mongolischen Partner, Freund und leidenschaftlichem Fliegenfischer Esentsengel Sukhee.

Jahre später entdeckte ich meine Leidenschaft für die Königsklasse des Fischens – das Fliegenfischen. Es ist die nachhaltigste Art des Fischens. Denn neben den anspruchsvollen Techniken des Flugangelns beschäftigt sich der Fliegenfischer intensiv mit den Lebens- und Reproduktionszyklen der Fische, deren Lebensraum und deren natürlicher Nahrung in Form von Kleinstlebewesen, Insekten und anderen Fischen. Der Fliegenfischer verschmilzt mit der Natur, um die natürliche Nahrung der Fische im Detail zu imitieren und den Fisch zu überlisten. Beim Fliegenfischen wird meist ohne Widerhaken gefischt und der Fisch wird schonend zurückgesetzt (*catch & release*). Ein Fisch wird ausschließlich dann entnommen, wenn Zeitpunkt und Zustand seines Entwicklungsstadiums es erlauben. Der einzige Grund einer Entnahme ist der unmittelbare Verzehr des Fisches. Diese Praktik zelebriere und vermittle ich in allen Destinationen meiner »Culinary Fishing Camps«.

Beschäftigt man sich mit dem natürlichen Habitat und den Lebenszyklen der Fische, entsteht über das Verständnis der Natur Respekt gegenüber der Kreatur.

Der Speisefisch Forelle gehört zur Familie der Lachse (Salmoniden) und unterscheidet sich nach ihrer Lebensweise in drei Arten, die Meerforelle, die Seeforelle und die Bachforelle. Die Meerforelle verbleibt nicht wie die meisten Meeresfische zur Laichablage im natürlichen Lebensraum ihrer Meeresregion, sondern zieht zur Eiablage in das Süßwasser. Sie lebt wie der Lachs anadrom. Bei den Aalen verläuft dieser Zyklus exakt umgekehrt. Sie leben die meiste Zeit im Süßwasser und ziehen sich zur Eiablage ins Meer zurück. Sie leben katadrom.

Fliegenfischen in Felsen-Pools der rauhen südafrikanischen West Coast nahe Hondeklip Bay während eines unserer kulinarischen Camps »Authentic Bush South Africa«

Faszinierend ist, dass Meerforellen wieder in genau die Gewässer ziehen, in denen sie zur Welt gekommen sind. Sie folgen dabei ihrem Geruchssinn und der Erinnerung an den Geruch ihrer Heimatgewässer. Steigen sie zum Laichen in die Flüsse auf, nennt man sie Aufsteiger. Während der Zeit im Süßwasser fressen sie nicht und reduzieren deshalb bereits vor dem Aufstieg ihre Nahrungsaufnahme, um sich an die nahrungsfreie Zeit zu gewöhnen. Sie haben einen schlanken, aber kräftigen Körperbau. Man erkennt sie an ihrem bunten, gelblich-braunen Laichkleid. Nach dem anstrengenden Laichvorgang ziehen sie ausgelaugt, abgemagert und schwach wieder zurück ins Meer. In dieser Phase des Reproduktionszyklus nennt man sie Absteiger.

Nach dem Schlüpfen der Larven verbringen die Jungfische noch ein bis zwei Jahre in ihren Geburtsflüssen und Bächen, um sich auf den ersten Weg in das Meer vorzubereiten. Dabei verändern sie ihre farbenfrohe Erscheinung in ein für den Meeresaufenthalt typisches silbriges Schuppenkleid. So ausgestattet ziehen die Jungfische (Smolts) das erste Mal ins Meer, um dort von dem deutlich größeren Nahrungsvorkommen zu profitieren.

»Das Meer ist der letzte freie Ort der Welt.«
(Ernest Hemingway)

Ein Fliegenfischer ist niemals einsam, wenn er allein ist.

Die Natur hat es so eingerichtet, dass ein Teil der geschlechtsreifen Meerforellen nicht in die Flüsse aufsteigt, um abzulaichen, sondern eine oder mehrere Laichphasen überspringt und im Meer bleibt, um den Erhalt des Genpools zu sichern. So schützt die Natur ihren genetischen Bestand an Meerforellen gegen Naturkatastrophen wie Überschwemmungen oder Austrocknung von Flussbetten durch Hitzewellen, die den Reproduktionszyklus dieser Fischart unterbrechen könnten. In dieser Phase bezeichnet man Meerforellen als Überspringer. Sie sind kräftig, wohlgenährt und befinden sich körperlich in Topform. Charakteristisch ist ihr silbriges, festsitzendes Schuppenkleid. Ausschließlich während dieser Stadien des Lebenszyklus entnehmen wir die Meerforellen zum Verzehr.

See- und Bachforellen leben ausschließlich im Süßwasser. Seeforellen sind ebenfalls Wanderfische, die zur Reproduktion in die Bach- oder Flusszuläufe ihrer Seen aufsteigen, um abzulaichen. Die geschlüpften Jungfische verbringen ein bis zwei Jahre in ihrem Geburtsfluss und wandern dann wieder zurück in den See. Die Bachforelle lebt ausschließlich in schnell fließenden Gewässern und vermehrt sich dort.

Regenbogenforellen sind Zuchtfische, deren Eier im 19. Jahrhundert von Amerika nach Europa gelangten. Sie wurden zunächst in England als reiner Speisefisch gezüchtet, bevor sie nach Deutschland kamen.

Die Lachsforelle ist keine eigene Forellenart. Diese Bezeichnung wurde früher für die Meerforelle verwendet, da diese – wie auch der Lachs – anadrom wandert. Heute bezieht sich die Bezeichnung Lachsforelle auf die rötliche Färbung des Fleisches von allen Forellenarten. Oft werden die Forellen im Handel und auf den Speisekarten als »Lachsforellen« angeboten. Ein wesentlicher Nahrungsbestandteil wild lebender Forellen sind Krebstiere, die in ihrem Panzer das Carotinoid Astaxanthin eingelagert haben. Dieses wird von Grünalgen produziert, die wiederum von Krebstieren und Forellen gefressen werden. Der rötliche Farbstoff Astaxanthin gilt als stärkstes natürliches Antioxidans und wirkt antimikrobiell und entzündungshemmend. In Fischzuchten wird das Carotinoid dem Futter beigemischt, um das Fleisch der Regenbogenforellen rötlich einzufärben, die dann als Lachsforellen vermarktet werden.

Vor diesem Wissenshintergrund ist es ein besonderes Erlebnis, einen Fisch zu entnehmen, diesen waidgerecht zu töten und anschließend frisch zuzubereiten. Ich bereite grundsätzlich selbst gefangene ganze Fische ohne Gewürze über offenem Holzfeuer zu. Sie werden anschließend im Ganzen auf einem Holzbrett serviert und nach dem Abnehmen der Haut gemeinsam von der Gräte gegessen. Die ästhetische Choreografie der ursprünglichen Zubereitung lässt den Fisch als Gabe der Natur verstehen (Zubereitung von ganzen Süß- und Salzwasserfischen im Rezeptteil).

Das Zitat zu Beginn dieses Kapitels aus dem Buch *Nymphenfischen: Geheimnisse entlarvt* von Alexander Keus bringt meine Philosophie im Umgang mit der Natur auf den Punkt. Somit bedeutet für mich das Fliegenfischen das Verschmelzen mit der Natur, die bewusste Wahrnehmung der Schönheit ihrer Details und die Rückführung zur Ursprünglichkeit mit allen Sinnen.

In authentisch-kulinarischen »Fishing Camps« kombiniere ich weltweit in ausgesuchten Destinationen die Leidenschaft des Fliegenfischens mit der Leidenschaft für die authentische Zubereitung von Speisen auf offenem Holzfeuer. Immer dabei: eine spannende Auswahl an Weinen verschiedener Anbaugebiete der Welt als inspirierende Begleiter der über glühender Holzkohle zubereiteten Gerichte. Nachhaltig berühre ich alle Sinne und inszeniere mit profundem Wissen an Fluss, See und Meer die Natur und ihre Gaben.

Um einen Fisch zu fangen, kehrt man in den Rhythmus der Natur zurück. Es gilt, die Gesetze der Natur zu erlernen und zu verstehen. Vollkommene Entschleunigung und das Abtauchen in die Ursprünglichkeit erwecken den Jagdinstinkt.

»Die wirkliche Entdeckungsreise besteht nicht im Kennenlernen neuer Landschaften, sondern darin, etwas mit anderen Augen zu sehen.« (Marcel Proust)

Winterliche Jagd auf die Meerforelle im Fjord von Apenrade – mit *Belly Boat* und Fliege

KAPITEL 3

CULINARY DESTINATIONS

»Es scheint so lange unmöglich, bis es vollbracht ist.« (Nelson Mandela)

Die nährstoffreichen, vom kalten Benguela-Strom gespeisten Gewässer zwischen Cape Agulhas und Cape of Good Hope beheimaten eine der weltweit größten Populationen an Weißen Haien. In den Wintermonaten Juli bis November tummeln sich Wale zur Paarung unmittelbar vor der Küste der Walker Bay. Und das gesamte Western Cape über die südafrikanische West Coast bis vor die Küsten Namibias bildet das natürliche Habitat der Kap-Languste (Cape Rock Lobster). Die Gewässer vor den Küsten Süd- und Südwestafrikas gehören zu den fischreichsten der Welt.

SÜDAFRIKA
WESTERN CAPE

↑ Sonnenuntergang aus unserem exklusiven, kulinarischen Base Camp »Whalespotter« in De Kelders, Walker Bay (www.whalespotter.co.za)

← Von links nach rechts: *Carpobrotus acinaciformis* (Elands Sauerfeige), *Manulea cheirantus*, *Leucospermum cordifolium* (Nadelkissen-Protea), drei von über 9000 Spezies der im Western Cape heimischen Pflanzenarten. Das Cape Floral Kingdom – wissenschaftlich *Capensis* genannt – ist das artenreichste Florenreich der Erde.

↗ Yellow Tail (Gelbschwanzmakrele) – einer der »Signature-Fische« der Kap-Küche. Traditionelle Zubereitung auf dem Holzfeuer im Rezeptteil in Kapitel 4

← Unsere Freundin und passionierte Gastgeberin Susanne Schneider ist 2013 mit ihrem Mann, Sternekoch Jürgen Schneider, an die südafrikanische Walker Bay ausgewandert. In ihrem Restaurant »Cape Floral Kitchen« zwischen Gansbaai und Stanford inszenieren die beiden authentisch-regionale Küche auf Weltklasse-Niveau – seit Jahren ein inspirierender Gegenpol zu unseren ursprünglichen »Feuer-Ritualen« (www.schneiders-kitchen.com).

Culinary Destinations

Western Cape/Südafrikas Cape

Wine & Floral Kingdom

34°32‘38“Süd 19°24‘40“Ost

Am 11. Februar 1990 wurde Nelson Mandela nach 27 Jahren Gefangenschaft in die Freiheit entlassen. An diesem Tag erwarb ich in Stellenbosch die *Sunday Times*. Niemand wusste, wie Mandela aktuell aussah, deshalb titelte die Zeitung mit einem handgezeichneten Porträt Mandelas und dem einzigen Wort »FREE!«. Einige Tage später bestätigte der damalige Präsident Südafrikas, F.W. de Klerk, dass ab sofort die gleichen Rechte für alle Südafrikaner unabhängig ihrer Hautfarbe galten. Ich telefonierte an diesem Tag mit meiner Schwiegermutter in Bordeaux, die in Sorge um meine Sicherheit davon erzählte, dass die Medien zeitgleich von Unruhen am Kap berichteten. Wir saßen an diesem sehr heißen Sonntag unter blauem Himmel friedlich in Stellenbosch beim *braai* und grillten. Im Fernseher lief die Live-Übertragung des feiernden Autokorsos, der Nelson Mandela auf der Autobahn N1 von Paarl nach Kapstadt begleitete. Ich habe diese historische Zeitungsausgabe bis heute aufbewahrt.

Die Ereignisse dieses Tages bestätigten mir damals als jungem Mann sehr eindrucksvoll, was ich in den vorangegangenen vier Wochen nach meiner Ankunft in Südafrika gelernt hatte. Die Medien sind in der Lage, unter dem Mantel der objektiven Berichterstattung, tatsächliche Ereignisse gegenteilig darzustellen, weil der Empfänger diese nicht überprüfen kann. Hier sei angemerkt, dass zu dieser Zeit Telefone Wählscheiben und lange Kabel hatten und ich für die Kommunikation mit der Heimat Briefe und Postkarten schrieb.

Ich arbeitete damals noch bei der Stellenbosch Farmers Winery – einer großen Kellerei in Stellenbosch. Als angehender Önologe lag mein Arbeitsbereich im Weinkeller. Meine Kollegen und Hilfskräfte im Fasskeller waren Xhosa und Zulu, im Labor arbeiteten Coloureds und weiße Afrikaner. Während der Arbeit hatten wir viel Spaß miteinander, doch nach der Arbeit trennten sich unsere Wege bis zum nächsten Morgen. Mein Chef war der weiße Afrikaner, Kosmopolit und »Chief Winemaker« Wouter Pienaar. Wouter nahm mich in den Jahren 1990 und 1991 in seine fünfköpfige Familie auf und ich wohnte und lebte in derem direkten Umfeld in Stellenbosch. Über Wouters Netzwerk entstand eine enge, bis heute anhaltende Freundschaft mit dem Farmer Neil du Toit. Über Neil bekam ich einen Einblick in die Welt der weißen Farmer und deren traditionellen »Cape Lifestyle«. Außer meinen Eltern hat mich persönlich niemand so nachhaltig geprägt wie Wouter Pienaar und Neil du Toit. Von ihnen und meinen damaligen Kollegen unterschiedlicher Ethnien, Hautfarben und Lebenserfahrungen lernte ich die Geschichte Südafrikas aus einem damals völlig neuen Blickwinkel. Die authentische Wahrnehmung der einheimischen Protagonisten gewährte mir einen tiefen Einblick in deren kulturelle Entwicklung. Dieses Bild vermittle ich bis heute leidenschaftlich in meinen authentisch-kulinarischen Camps im südlichen Afrika, einem Schmelztiegel der Kulturen und die Wiege der Menschheit.

↑ In einzigartiger Natur des Western Cape wächst auf Millionen Jahren alten, nährstoffarmen Verwitterungsböden eine außergewöhnlich reichhaltige Pflanzenvielfalt. Das privat geführte, 3500 Hektar umfassende Naturreservat Grootbos zeichnet sich durch sein einzigartiges Engagement für den Erhalt des Cape Floral Kingdoms aus (www.grootbos.com). Während unserer Fynbos-Safaris tauchen wir ein in eine unscheinbare Welt, ohne die unsere Ökosysteme aus dem Gleichgewicht geraten.

Ein *braai* ist wesentlicher Ausdruck des südafrikanischen Lebensgefühls. Er erzählt auch von der Geschichte des Landes. Keineswegs lässt sich ein *braai* auf den Vorgang des Grillens reduzieren und schon gar nicht ist ein *braai* ein Grillgerät. Ein *braai* ist eine Zusammenkunft um ein Feuer. In seinem Ursprung ist der *braai* ein gesellschaftliches Ereignis, bei dem Menschen sich generationsübergreifend austauschen und diskutieren, gemeinsam Speisen zubereiten und Alkohol trinken. Ein *braai* beginnt damit, dass Holz gesammelt wird. Gerne bringen die Gäste etwas »zum Auflegen« mit und bereiten es dann für die Gemeinschaft zu. Gegessen wird über einen Zeitraum von mehreren Stunden. Dabei ist es nicht Bedingung, sich an einem Tisch zu platzieren, sondern man sitzt oder steht am Lagerfeuer. In Südafrika gibt es diese Form der Sozialisation in vielen ethnischen Gruppen. Beim Stamm der Zulu nennt man diese Zusammenkunft *shisanyama*, was mit »Fleisch verbrennen« übersetzt werden kann. Die Shona nennen es *gochi gochi*. In der englischen und irischen Kultur sind nach dem gleichen Prinzip die Pubs entstanden. Die *public houses* sind in Großbritannien wesentlicher Bestandteil des gesellschaftlichen Lebens.

↑ Legendärer 1000 Meter hoher Tafelberg aus östlicher Sicht mit Weinbergen von Stellenbosch im Vordergrund

↓ Traumhaftes Fliegenfischen im Elandspad-Bergfluss am Du-Toits-Kloof-Pass zwischen Paarl und Worcester

Braai unter südafrikanischem Sternenhimmel in der Abgeschiedenheit der Overberg Mountains inmitten der großartigen Appellation (Weinbergslage mit kontrollierter Ursprungsbezeichnung) Sondagskloof in der Nähe von Stanford (Walker Bay). 15 Kilometer Luftlinie entfernt vom Atlantischen Ozean und 50 Kilometer von Cape Agulhas, dem südlichsten Punkt des afrikanischen Kontinents. Das Gebiet Walker Bay gehört zu den »Cool-Climate-Weinbaugebieten« Südafrikas.

↖ Dinner-Braai im privaten Grootbos Nature Reserve zwischen Gansbaai und Stanford

← Dinner-Braai in unserem privaten Culinary Camp bei Stellenbosch

Cape Salmon (Geelbek in Afrikaans) im Ganzen auf dem Holzfeuer unseres Braai Boat auf dem Fluss Klein River zwischen Stanford und der Klein River Lagoon bei Hermanus zubereitet

SÜDAFRIKA KAROO-WÜSTE & WEST COAST

Stopover im »Tankwa Tented Camp« inmitten der steinig-kargen Halbwüste Tankwa-Karoo auf dem Weg nach Norden Richtung Kalahari-Wüste und Orange River. Dieser Teil der Tankwa-Karoo ist mit 80 Millimeter jährlichem Niederschlag das trockenste Gebiet in Südafrika.

»Hier bin ich Mensch, hier darf ich sein.«
(Johann Wolfgang von Goethe)

↑ Mündungsdelta des Berg River bei Veldrif in die St. Helena Bay. Salzwasser des Atlantischen Ozeans drückt etwa 20 Kilometer flussaufwärts in dieses Naturparadies. Ein Eldorado für Ornithologen und Meeräschen. Letztere werden hier in Salzlake eingelagert, an der Seeluft getrocknet und als Westküsten-Spezialität Bokkoms zu Wein oder Bier angeboten.

→ Die Ursprünglichkeit der kargen West Coast ist Ausdruck südafrikanischen Freiheitsgefühls und Lebensart. Hier zelebrieren wir das südliche Afrika als Schmelztiegel der Kulturen.

Karoo-Wüste & West Coast/Südafrika

32°20'19"Süd19°43'03"Ost

In der Region des südlichen Afrikas lebten vor rund zwei Millionen Jahren nachweislich die Vorfahren des Homo sapiens. Es gilt als weitgehend gesichert, dass in diesem Gebiet der Affe zum aufrechten Gang fand und sich genetisch zum Homo erectus entwickelte. Aus dem Homo erectus ging der Homo sapiens hervor. Die Ureinwohner Südafrikas werden als Khoisan bezeichnet. Sie gelten genetisch als die älteste heute noch existierende Menschengruppe.

Als die niederländischen Europäer unter der Führung von Jan van Riebeeck 1652 mit drei Schiffen das südafrikanische Kap und die unterhalb des Tafelberges liegende Tafelbucht erreichten, wurden sie von den einheimischen Khoisan empfangen. Van Riebeecks Boot war das erste in der kleinen Flotte und trug den Namen »Goede Hoop« (Gute Hoffnung). Der Schiffsname gab dem südafrikanischen Kap seinen heutigen Namen – Kap der Guten Hoffnung. Die Europäer richteten an der Tafelbucht eine Proviantstation für die Flotten der East India Company ein. Die Schiffe wurden hier auf halbem Weg nach Indien und dem malaiischen Archipel von den indigenen Khoisan mit Wasser, Fisch, Fleisch und Gemüse versorgt. Es begann ein reger und friedlicher Handel zwischen den Europäern und den Khoisan, die sie auch »Hottentotten« nannten. Am Kap entstand eine kleine Stadt mit dem Namen Kapstadt. Ein Teil der Khoisan betrieb Ackerbau, der andere Teil sorgte für Fleisch und Fisch. Umgangssprachlich unterteilten die Europäer die Ureinwohner in zwei Gruppen. Die sesshaften Bauern bezeichnete man als Khoi oder Khoikhoi und die Jäger und Sammler als San oder Buschmänner (Bushmen).

Die Gewässer vor den Küsten Südafrikas gehören zu den fischreichsten der Welt. Am Kap Agulhas (Cape Agulhas), der Spitze des afrikanischen Kontinents, treffen der eiskalte Benguela-Strom und der warme Agulhas-Strom aufeinander. Der Benguela-Strom bringt eiskaltes Wasser der Antarktis vor die süd-südwestafrikanische Küste und der im Indischen Ozean entspringende Agulhas-Strom warmes Wasser der ostafrikanischen und indischen Gewässer nach Süden. In diesen Auftriebsgebieten steigt kaltes und nährstoffreiches Wasser an die vom Sonnenlicht durchflutete Wasseroberfläche. Im mit Nährstoffen angereicherten Oberflächenwasser bildet sich Phytoplankton als Lebensgrundlage des maritimen Nahrungsnetzes von Kleinstlebewesen über eine Vielfalt von Fischen bis hin zu den Walen. Auf gleichem Prinzip beruht der außerordentliche Fischreichtum vor den Küsten Islands.

↖ Das fruchtbare Breede Valley mit Breede River bei Worcester, dem Tor zur Karoo. Neben ausgedehnten Weinbergen und paradiesischen Obstplantagen sind hier mit Nic Davis/Monks Distillery und Charles Bryant/Six Dogs Distillery zwei großartige Gin-Destillateure zu Hause.

↗ Gin-Destillateur Charles Bryant und seine Frau und Botanikerin Marie-Louise von der »Six Dogs Distillery« bei der Auswahl der »Fynbos-Botanicals« für ihre *handcrafted gins*

Inhaber und Master-Distiller Nic Davis von der »Monks Distillery« spezialisiert seine drei Gin-Destillationen auf Sceletium, Heidelbeeren und Hanf.

Die kleine Gin Distillery »Monks«, direkt am Breede River gelegen

Die Erde wird in sechs florale Gebiete oder Florenreiche unterteilt, die sich durch eine eigenständige Flora auszeichnen. Das kleinste Florenreich liegt im Südwesten Südafrikas und erstreckt sich entlang der Kapküste die Westküste hinauf bis in die Zederberge. Es wird im Osten von dem Gebirgszug der Karoo und im Norden von der lebensfeindlichen Namibwüste vom restlichen Südafrika abgegrenzt. Dieses kleinste Florengebiet der Erde nennt man Capensis. Es ist gleichzeitig das artenreichste Florenreich der Erde und beheimatet über 9000 verschiedene Pflanzen-Spezies. Zwei Drittel dieser Pflanzen sind dort endemisch, das heißt, sie kommen ausschließlich in einem sehr kleinen, auf wenige Quadratkilometer beschränkten Bereich vor. Es gibt sie an keinem anderen Ort der Welt. Umgangssprachlich nennt man das Gebiet der Capensis auch das »Cape Floral Kingdom«. Allein im direkten Umfeld des tausend Meter hohen Tafelbergs, der Kap-Halbinsel, gibt es mehr Pflanzenarten als in ganz Großbritannien. Bezieht man auch die dort vorkommenden Tiere, Insekten und Mikroorganismen in den Lebensraum mit ein, so bezeichnet man diesen als Biom.

Innerhalb des Cape Floral Kingdom bildet der südafrikanische Fynbos ein solches Biom. Achtzig Prozent der Pflanzenarten der Capensis gehören zum Fynbos. Fynbos ist eine Bezeichnung der ersten niederländischen Siedler und bedeutet »feingliedrige Büsche«. Die Äste dieser Pflanzen waren zu dünn, um daraus Hütten zu bauen. Der Fynbos war die Lebensgrundlage der ersten am Kap lebenden Menschen. Die Khoisan nutzten den Fynbos zur Ernährung und als Medizin. Die meisten der Fynbos-Pflanzen haben eine hohe antioxidative Wirkung auf den menschlichen Körper und sind hoch wirksam für die Gesundheit des Menschen.

Traditioneller auf begleitende Gins abgestimmter Gin Braai in der »Monks Distillery«

Die gesamte Kapregion hat in den letzten Millionen Jahren einen »stummen« Klimawandel erlebt, vor allem während der Eiszeiten. Die meisten anderen Gebiete außerhalb der Tropen waren während eines Großteils der Eiszeiten erheblich kälter und trockener. Teilweise waren sie sogar komplett unter Eis begraben. In der Capensis wurden deshalb die evolutionären Prozesse, die neue Arten hervorbringen, nicht durch heftige Klimaveränderungen unterbrochen.

Sonnenuntergang an der West Coast bei Lambert's Bay am Strand vor Südafrikas ältestem Open-Air-Seafood-Restaurant »Muisbosskerm«

Aus dem gleichen Grund starben auch deutlich weniger Arten in der Evolutionsgeschichte aus, was wiederum die Vermehrung von Arten förderte. Die Vielfalt an Lebensräumen durch unterschiedliche Topografien von Sandstrand bis Gebirge, das relativ stabile Klima über Millionen von Jahren und die Vielfalt der Böden am Kap – alle Faktoren spielten eine wesentliche Rolle bei der Entstehung dieser außergewöhnlichen, in großen Teilen endemisch geprägten Biodiversität.

Auf einer Vielzahl von Holzfeuern werden neben Fisch und Schalentieren auch klassische Gerichte der Cape-Malay-Cuisine wie Currys, Lammragout mit Waterblometjies (Wasserblumen) und Seafood-Rice zubereitet. In holzbefeuerten Öfen werden ganze Fische heißgeräuchert und Brot gebacken. Die hausgemachte Aprikosenmarmelade mit Butter und frisch gebackenem, warmen Brot ist legendär.

↑ Frische West-Coast-Austern, weiße und schwarze Muscheln, Kap-Langusten und die gesamte Palette der vor der Küste einheimischen Fische werden von den Turners hier am Strand unter freiem Himmel aufgetischt.

← 1986 öffneten Edward & Elmien Turner erstmalig diese außergewöhnliche »Feuerstelle« am West Coast Strand sechs Kilometer südlich von Lambert's Bay, um für ihre Gäste authentische Gerichte der West Coast frisch gefangen aus dem Meer zu zelebrieren. Heute führt mit den Geschwistern Charlotte, Tertius (im Bild) und Ian bereits die nächste Generation diese traditionelle, kulinarische *Outdoor Experience*.

Einmal im Jahr lebt in unmittelbarer Nähe unseres Camps die Wüste – »AfrikaBurn« ist Südafrikas Antwort auf das amerikanische »Burning Man«-Festival. Während »AfrikaBurn« zieht es Tausende von Menschen in die gleißende Hitze der südafrikanischen Karoo-Halbwüste, um in utopischen Kostümen eine bunte Traumwelt von Künstlern gestalteter Mutanten-Skulpturen aus dem Boden zu stampfen und das Leben zu feiern. Nach einer Woche Party gehen am Ende gemäß dem Credo des Festivals die Skulpturen in Flammen und Rauch auf … und der Zauber ist spurlos verschwunden.

Unser traditioneller Dinner-Braai im »Tankwa Tented Camp«

Einfachheit als ultimativer Luxus: »Tankwa Tented Camp«-Einzelzimmer mit Dusche & WC

Einige wenige der Skulpturen blieben im »Tankwa Tented Camp« erhalten und tragen charismatisch zur skurrilen »Mad Max«-Atmosphäre inmitten der Steinwüste bei. Das »Tankwa Tented Camp« ist gleichzeitig Ausdruck südafrikanischen Lebensgefühls, lebensbejahender Freiheit und interkulturellem Miteinander – die Wüste lebt im »Tankwa Camp«.

Von der Tankwa-Karoo an die West Coast nach Lambert's Bay – 250 Kilometer steinige Halbwüste bis zur rauhen Küste des Atlantischen Ozeans

Die Tankwa-Karoo erstreckt sich auf dem südlichen 32. Breitengrad über die Grenze der Provinzen Westkap und Nordkap auf rund 1400 Quadratkilometern. Die Halbwüste liegt zwischen 350 und 1200 Meter über dem Meeresspiegel.

Beim Brandungsfischen mit der Fliege bekommt man die Kraft des südafrikanischen Atlantiks zu spüren und … *the chase is better than the catch!*

Innere Einkehr und Entschleunigung beim allabendlichen Sundowner-Ritual unter südafrikanischem Wüstenhimmel

↑ Verlassene Diamantenfelder bei Noup an der Diamond Coast, 200 Kilometer südlich der Grenze zu Namibia. Die ehemaligen Diamantenfelder erstrecken sich weit ins Meer hinaus.

← Stopover in der rauhen Einsamkeit der ehemaligen Steinhütten der Diamantentaucher unmittelbar an der wilden West Coast. Unsere Feuer und temperierter Wein sind allgegenwärtig.

Frische Kap-Langusten (Crayfish) im Meerwasser in traditionellem Potjie
(gusseiserner Topf) am Strand gekocht und mit den Fingern gegessen.

Der Atlantische Ozean an den Küsten des südwestlichen Afrikas, gespeist vom antarktischen Benguela-Strom ist kalt, rauh und naturgewaltig.

FINNLAND
LAKE SAIMAA & SEINE WÄLDER

Aurora Borealis – Nordlichter über den »Norppamajat«-Hütten im Wald von Pellossalo während eines unserer Wintercamps im Saimaa-Seengebiet im Südosten Finnlands

»Es gibt keine Linien in der Natur, nur Farbbereiche, die sich gegeneinanderstellen.« (Édouard Manet)

SOMMER

Unsere südostfinnische Camp Site »Norppamajat« (Seehundhütten) im Saimaa-Seengebiet an der Bucht Povenlahti gelegen, erstreckt sich über knapp einen Kilometer und umfasst fünf traditionell finnische Anwesen. In der Einsamkeit und Stille der Wälder zelebrieren wir seit 2019 unsere kulinarischen Sommer- und Wintercamps.

↗ Während der Gletscherschmelze nach der letzten Eiszeit entstandene Waldseen mit beachtlichen Tiefen bis zu zwölf Metern. In einigen davon werden seit Jahrzehnten Regenbogenforellen für die private Nutzung der seit Generationen in den Wäldern lebenden Familien eingesetzt.

↗ Jedes der exklusiven Anwesen umfasst neben der eigentlichen Vollholzhütte mit Indoor-Sauna und offenem Kamin auch eine eigene Grillhütte, Waldsauna und Anleger mit Ruder- und Motorboot (im Sommer). Keine Hütte hat Sichtkontakt zur nächsten. Zeit und Raum zur Entschleunigung und Konzentration auf das Wesentliche

Finnland

Lake Saimaa & seine Wälder

61°40'16"Nord 29°07'03"Ost

Sechsunddreißig Menschen leben heute in elf Familien auf der 16 Quadratkilometer großen Waldinsel Pellossalo. Bereits vor rund 7000 Jahren saßen hier Menschen an Lagerfeuern, wie Knochenfunde bewiesen. Pellossalo ist eine von mehr als 13700 Inseln im 4300 Quadratkilometer umfassenden Saimaa-Seengebiet. Der Saimaa-See ist der viertgrößte See in Europa und Teil der finnischen Seenplatte im Südosten des Landes. Die kleine Waldinsel Pellossalo liegt 380 Kilometer nordöstlich von Helsinki und 300 Kilometer nordwestlich von St. Petersburg. Die nächstgelegene Stadt ist das 40 Kilometer entfernte Savonlinna. Pellossalo ist von endlos erscheinenden Birken-, Kiefern- und Fichtenwäldern umgeben. Das Waldleben im Rhythmus der Natur ist geprägt von Stille und Einsamkeit.

Das Saimaa-Seengebiet entstand während des Abtauens der Gletscher der letzten Eiszeit vor rund 12000 Jahren. Daraus bildete sich die südostfinnische Seenplatte. Durch die Neukonturierung von See- und Landmassen wurde ein Teil der in der Arktis lebenden Ringelrobbe im Saimaa-Seengebiet eingeschlossen und entwickelte sich in der Evolutionsgeschichte zur Unterart der Saimaa-Ringelrobbe (Norppa). Mit heute noch 400 im Saimaa-See lebenden Tieren gehört die Saimaa-Ringelrobbe zu den am meisten bedrohten Robben weltweit. Die Waldbevölkerung im Seengebiet hütet diese Tiere wie ihren Augapfel.

Mit einer der elf auf Pellossalo lebenden Familien bin ich seit 2018 befreundet. Ich verbringe jedes Jahr insgesamt etwa drei Monate in dieser atemberaubenden Natur fernab der mitteleuropäischen Zivilisation. Mit ihrer Lebensweise haben Pasi und sein Vater Markku Lehtosaari mein naturorientiertes Bewusstsein erheblich erweitert und meine Sinne für das Wesentliche im Leben noch einmal geschärft. Wie viele finnische Landwirte haben auch Markku und seine Frau Ritva Ende des letzten Jahrtausends den landwirtschaftlichen Betrieb auf das Wesentliche konzentriert, das Wald und See ihnen schenken. Sie fokussierten ihren 240 Hektar umfassenden Waldbesitz auf nachhaltige Holz-, Wald- und Fischwirtschaft. Mit ihren eigenen Händen errichtete die Familie komfortable Holzhütten direkt am See und Markkus Sohn, der studierte Forstwirt Pasi, stieg in die elterliche Unternehmung ein. Heute führt Pasi mit seinen Eltern, seiner Frau, der Naturfotografin Heidi, und seiner Schwester Sari den Familienbetrieb »Norppamajat«, übersetzt »Ringelrobbenhütten«.

Fast 80 Prozent der Landfläche Finnlands ist mit Wald bedeckt. Finnland ist das waldreichste Land Europas, und Holz ist heute nach Metall der wichtigste Wirtschaftszweig. Der Wohlstand Finnlands ist auf seine Wälder zurückzuführen. Die Forstwirtschaft wird nachhaltig betrieben. Die Wälder werden gedüngt und systematisch im Mischsatz aus Nadel- und Laubbäumen aufgeforstet. Obwohl Finnland einer der größten Bauholzproduzenten der Welt ist, werden nur zwei Drittel des jährlich nachwachsenden Holzes genutzt. Der Wald hat für die Finnen nicht nur eine ökonomische und ökologische Bedeutung, sondern sie verstehen ihn auch bewusst als Ausgleich vom Arbeitsalltag. Der Finne sorgt im Wald aktiv für sein körperliches und seelisches Wohlbefinden. Einmal im Jahr, an einem Samstag im August, feiert Finnland den »Tag der Natur« mit dem Hissen einer entsprechenden Flagge. An diesem Tag ruft die finnische Outdoor Association alle Finnen auf, in freier Natur zu schlafen.

Für leidenschaftliche Angler oder auch Anfänger, die es erlernen möchten, ist der Hecht Hauptzielfisch im Saimaa-Seengebiet. Er ernährt sich im Wesentlichen von Kaisermaränen (Muikkus), Barschen oder Rotaugen. An Schilfkanten oder Unterwasserfelsenformationen, die nicht selten aus einer Tiefe von zehn bis zwölf Metern bis zu 50 Zentimeter unter die Wasseroberfläche emporragen, erlebt man großartiges Fliegenfischen.

Gefischt wird in klarer Trinkwasserqualität und über steinigem Grund vom Boot. In unseren Camps pflegen wir das Spinn- und Fliegenfischen sowie das Schleppfischen in Tiefen bis zu 40 Metern und tiefer. Klassisch fischt man mit Blinker, Wobbler oder Spinner.

↑ Die gefangenen Flusskrebse werden in einem großen Käfig im Schatten unter den Anlegestegen der Hütten gelagert. Blattzweige der Schwarzerle im Käfig dienen den Krebsen als Nahrung.

↗ Mit Fischfallen (Katiska) fischen wir auf mittlerweile heimische Signalkrebse. Diese Flusskrebse halten sich vorzugsweise an Felsenformationen und Gewässern mit steinigem Untergrund auf. Sie sind dämmerungs- und nachtaktiv. Wir platzieren die Fallen in einer Tiefe von drei bis vier Metern Wassertiefe. Flusskrebse dürfen in Finnland vom 21. Juli–31. Oktober gefangen werden.

→ Der dem Edelkrebs (*Astacus astacus*) sehr ähnliche, ursprünglich nordamerikanische Signalkrebs (*Pacifastacus leniusculus*) gehört zu den größten der in Europa lebenden Krebsarten. Er ist gleichzeitig Indikator für biologische Wasserqualität und ein intaktes Ökosystem.

↗ Die Flusskrebse kochen so lange im Dill-Wasser (Zubereitung im Rezeptteil), bis die Farbe ihrer Schale in ein kräftiges Rot umschlägt. In diesem Moment sind sie gar und bereit zum Verzehr.

→ Sobald das Wasser kocht, geben wir die Flusskrebse in kleinen Mengen in das kochende Wasser, sodass die Menge der zugegebenen Flusskrebse die Wassertemperatur nicht senkt und das Wasser nicht aufhört zu kochen. Nur kochendes Wasser (über 100°C) tötet die Krebse sofort.

→ Flusskrebsessen hat in allen skandinavischen Ländern eine lange Tradition. Die Krebse werden auf Zeitungen oder langen Holzschalen in der Tischmitte platziert und mit den Fingern in gemeinsamer Runde geknackt, geschlürft und ausgesaugt.

Mondaufgang über dem Saimaa-See im August

↗ Mit dem Kajak von Insel zu Insel über den spiegelglatten Saimaa-See – kleines »Lunch-Feuer« inbegriffen. Bevor das Lachsfilet für die »Graved Lachs«-Zubereitung klassisch im Waldboden vergraben wird, würzen wir es mit Salz, Zucker, Dill, Limette und finnischem Wodka (Zubereitung im Rezeptteil).

→ Mitternachts-Fischsuppe serviert aus dem Kupferkessel in der Dunkelheit des Waldes

↘ Leben von den Gaben der umliegenden Wälder und Gewässern: Waldtauben, Hirschkeule und frisch gefangene Felchen (Siika) von offenen Holzfeuern

© Heidi Lehtosaari@heidimaailmanaarella

FINLANDIA

↑ Hinterkeule vom Weißwedelhirsch im Feuerring gegart. Der Weißwedelhirsch *(Odocoileus virginanus)* stammt ursprünglich aus Amerika und wurde Mitte der 1930er-Jahre in Finnland angesiedelt. Der Weißwedelhirsch ist aufgrund seiner Verbreitung und Biomasse weltweit die am weitesten verbreitete, wild lebende Landsäugetierart (Zubereitung im Rezeptteil).

↑ Die ebenfalls aus Amerika stammende Regenbogenforelle ist in Finnland ein sehr geschätzter Eiweißlieferant. Dieser schnell wachsende, reine Speisefisch kann sich in Finnland wie auch in den meisten anderen europäischen Regionen nicht selbstständig vermehren (Zubereitung im Rezeptteil).

↑ Die Saimaa-Wälder liefern würzig schmeckendes Elchfleisch aus eigener Jagd (Zubereitung im Rezeptteil).

↑ Aus den Schalenüberresten der Flusskrebsessen kochen wir auf unseren Lagerfeuern Süßwasserfisch_Suppe. Wichtigster Fisch dabei ist der Hecht, den wir im Ganzen zusammen mit den Schalen der Flusskrebse auskochen (Zubereitung im Rezeptteil).

In den sumpfigen Waldgebieten um den Polarkreis ist die Molte- oder Sumpfbeere (Lakka) beheimatet. Birken und Kiefernwälder sind Pilzparadiese mit Pfifferlingen, Stein- und Birkenpilzen.

Bei Sonnenaufgang auf dem Wasser. Mit dem Lichtwechsel erwacht die Natur – im Wald, in der Luft sowie auf und unter Wasser. Ein unbeschreibliches Erlebnis von Stille und Freiheit

↑ Blau und Weiß sind die Farben der finnischen Flagge. Blau symbolisiert Wasser und Himmel, weiß Wolken und Schnee.

↗ Das fesselnde Erlebnis des traditionellen Speerfischens in windstillen, dunklen Nächten mit Stirnlampe im flachen Wasser darf nur in Begleitung eines Finnen praktiziert werden.

↗ Es leben heute nur noch knapp 400 Ringelrobben (Norppas) im 4300 Quadratkilometer umfassenden Saimaa-Seengebiet. Sie sind die letzten ihrer Art auf unserem Planeten. Die ringförmigen Muster auf ihrem Fell verleihen diesen einzigartigen Tieren ihren Namen.

→ Mondaufgang über dem Saimaa-See in einer lauen Spätsommernacht Ende August

»Natur muss gefühlt werden.«
(Alexander von Humboldt)

Polarlichter während unseres Wintercamps am nächtlichen Himmel über der Waldinsel Pellossalo. »Kallioniemi« – eines unserer fünf Camp Cottages – in voller Illumination

Winterliche Polarlichter über Camp-Cottage »Kallioniemie« und Saimaa-See und Wald

↖ Winterlicher Sonnenaufgang über der Insellandschaft unseres Camps im Saimaa-Seengebiet

↗ Wir zelebrieren jahrhundertealte Eisfischerei-Techniken wie hier mit dem Fyke-Netz, welches zwischen zwei Eislöchern unter das Eis gezogen wird und die im Wald und am See lebende Bevölkerung auch im Winter mit Fischeiweiß versorgt.

↖ Bei Temperaturen zwischen minus 10 und minus 20 °C ist beim bewegungsarmen Eisfischen Spezialkleidung insbesondere an Kopf, Händen und Füßen elementar.

↗ Ein 15 Zentimeter breites Eisloch genügt für das Fischen auf Regenbogenforelle und Barsch.

← Vor dem Eisfischen oder Schwimmen steht der Drill mit dem Eisbohrer, um die 30–40 Zentimeter dicke Eisdecke zu durchdringen.

↑ Tägliches Eisschwimmen zwischen den Waldsaunagängen stärkt Abwehrkräfte und physische Fitness.

↖ Aus den Schalenresten der Flusskrebsessen bereiten wir am Folgetag über Holzfeuer eine Süßwasserfisch-Suppe im Kupferkessel.

↗ Unsere Partner und Freunde Markku und Pasi Lehtosaari – zwei Generationen land-, forst- und fischwirtschaftliches Familienunternehmen auf der Waldinsel Pellossalo

↑ Holzfeuer sind omnipräsent – auf der Couch am offenen Kamin endet ein Tag in Eis und Schnee.

↑ Die Zubereitung der Speisen findet grundsätzlich über Holzfeuern in der freien Natur statt.

↗ Im März sind Hecht, Forelle, Barsch, Felchen und Quappen meist voller Rogen, den wir frisch unter Zugabe von zwei bis drei Prozent Salz zu Kaviar verarbeiten.

→ Flusskrebsreste und gefangene Süßwasserfische köcheln wir über fünf Stunden zu einem schmackhaften Extrakt für unsere Fischsuppe.

Waldtauben, Wildenten, Hirsch und Elch aus eigener Jagd in den umliegenden Wäldern sind neben dem Fischfang und Waldpilzen, Heidel- und Preiselbeeren Teil unserer gesunden und hochwertigen Ernährung aus Wald und See.

← Ausgedehnte Schneeschuhwanderungen bei Tag und Nacht durch endlos erscheinende Birken, Kiefern und Lärchenwälder im Wechsel mit kilometerlangen Überquerungen von schneebedeckten Eisflächen lassen den Körper die Natur spüren und »inhalieren«.

↑ Bei der Rast am wärmenden Lagerfeuer eines Laavu (offene Schutzhütte) oder einer Kota (geschlossene Schutzhütte) beflügeln Sauerstoffzufuhr und Körperlichkeit während den Schneeschuhwanderungen Geist und Seele.

TRANSSILVANIEN

»Das Leben, welches uns von Natur aus gegeben ist, ist kurz; aber die Erinnerung an ein gut verbrachtes Leben ist ewig.«
(Cicero)

Neun Jahrhunderte Schmelztiegel ungarischer, deutscher, rumänischer, osmanischer und auch österreichischer Kultur: Transsilvanien, aus dem Lateinischen *trans silva*, übersetzt sich mit »Jenseits der Wälder«. Das in den südöstlichen Ausläufern der Karpaten gelegene Gebiet entwickelte sich im 12. Jahrhundert als Teil des Königreich Ungarns durch die Einwanderung deutschstämmiger Siedler, den Saxonen, einem westgermanischen Völkerverband. Der deutsche Name Siebenbürgen basiert auf den im geographischen Siedlungsgebiet gegründeten sieben Städten Schäßburg (Sighisoara), Kronstadt (Brasov), Klausenburg (Cluj), Hermannstadt (Sibiu), Bistritz (Bistrita), Mühlbach (Sebes) und Broos (Orastie).

Rumänien | Transsilvanien – jenseits der Wälder

46°16'16"Nord 24°30'48"Ost

Im Jahr 2008 führte mich mein unternehmerisches Schaffen nach Bukarest in Rumänien. Ein osteuropäisches Land, das für mich bis zu dieser Zeit nur von negativen Schlagzeilen geprägt war. Ich reiste mit gemischten Gefühlen, aber mit der Motivation des Unternehmers, Neues zu erkunden.

Ich entdeckte ein Land mit einer 6000 Jahre alten Weinbautradition, fantastischen Weinen und einer bodenständigen, ehrlichen Küche. Bukarest liegt in der Großen Walachei im Südosten des Landes. Ich lernte die Hauptstadt als pulsierende, weltoffene Metropole mit beeindruckender Architektur und einer sich sehr dynamisch entwickelnden, internationalen Gastronomie kennen. Schnell entfalteten sich meine vinophilen Aktivitäten in Handel und Gastronomie über die Grenze der Hauptstadt hinaus und ich durchstreifte das Land über holperige Landstraßen mit dem Automobil. Meine kulinarischen Veranstaltungen führten mich von Osten nach Westen quer durch ganz Rumänien. Von Galati und Braila am Donaudelta über Konstanza am Schwarzen Meer nach Piteşti, Braşov und Sibiu in den Karpaten weiter nach Targu Mures, Deva und Cluj bis an die ungarische Grenze nach Arad und Oradea. Über einen Zeitraum von drei Jahren fuhr ich regelmäßig durch die endlosen Wälder und majestätischen Gebirgslandschaften der Karpaten entlang glasklarer Flussläufe, Gebirgsbäche und Seen. Ich traf auf sehr viele Menschen, mit denen ich mich während und nach meinen Veranstaltungen austauschen konnte. Ich lernte über deren kulturelle Identität und den rumänisch-orthodoxen Glauben. Rumänien gilt mit 95 Prozent bekennenden Christen und über 18 000 Kirchen als das religiöseste Land in Europa. Ich erfuhr auch von der Sehnsucht der Rumänen nach internationaler Entdeckung der üppigen, teils unberührten Natur und der hohen Biodiversität von Fauna und

Flora des Landes. Rumänien gehört zu den am schnellsten wachsenden Volkswirtschaften Europas, dennoch lebt die Landbevölkerung in Relation zum Wirtschaftswachstum in armen Verhältnissen. Die rumänische Bevölkerung gehört zu den Europäern, die den größten Anteil ihres Einkommens für Nahrungsmittel aufwenden. Je mehr ich mich mit meinem Netzwerk gen Westen bewegte, umso mehr verstanden und sprachen die Menschen auch Deutsch. Ich begriff, dass ich mich – nur zwei Flugstunden von Deutschland entfernt – auf einer Zeitreise befand. Einer Zeitreise jenseits der Wälder nach Transsilvanien.

Jonas Schäfer und das Valea Verde

Während einer meiner hedonistischen Meeresfrüchte-Veranstaltungen, der »Hummer Nummer«, lernte ich 2010 in einem Bukarester Szene-Restaurant einen außergewöhnlichen Menschen

← »Wilderness Lunch« an weiß gedeckter Tafel auf einem Hügel mit Blick über die Ausläufer der Karpaten als kulinarischer Abschluss einer Trüffeljagd in den Hochwäldern Transsilvaniens

↑ Freund, »Culinary Soulmate« und Partner in Siebenbürgen (Transsilvanien/Rumänien), Chef Jonas Schäfer, entwickelte seit 2003 mit seinem Herzensprojekt »Valea Verde« ein nachhaltiges Gastronomie- und Veranstaltungskonzept, welches Naturliebhaber und Gourmets aus der ganzen Welt in die wildromantische Einsamkeit des kleinen Dorfes Cund (ehemals Reussdorf) führt.

© Anca Du

kennen; den gastronomischen Unternehmer, Menschenfreund und leidenschaftlichen Chef Jonas Schäfer – und mit ihm sein Konzept »Valea Verde« in Transsilvanien. Bereits ein Jahr später inszenierten wir in den Karpaten auf Zabola Estate bei den Grafen Mikes bei Covasna unsere erste gemeinsame, von Feuer und transsilvanischen Trüffeln geprägte kulinarische Veranstaltung.

Jonas Schäfer ist Deutscher aus Steinberghaff in der Geltinger Bucht an der Flensburger Förde kurz vor der Grenze zu Dänemark. Er absolvierte sein Abitur in Schottland und ein zweites in Deutschland. Als ausgebildeter Toningenieur arbeitete er in den Abbey Road Studios in London und entwickelte sich Mitte der 1990er-Jahre als Unternehmer erfolgreich zum Musikproduzenten. Mit seiner Gruppe »ECHT« wurde er mehrfach mit Gold- und Platin-Schallplatten ausgezeichnet. Auch die Musikindustrie ehrte Jonas mit ihren Auszeichnungen wie Echo, Otto und Popcorn. 2003 zog er einen Schlussstrich in der Musikszene und siedelte mit seiner Frau Ulrike in das 130 Seelen große Dorf Cund im rumänischen Transsilvanien über. Dort widmete er sich seiner großen Leidenschaft, dem Kochen, dem Wein und der Natur. Einen neuen Fokus legte er auf die Entwicklung seines nachhaltigen gastronomischen Konzeptes in einem ländlichen Gebiet. Er nannte es »Valea Verde«.
Seit 2011 ist Jonas Schäfer Träger des »Brazon d'Excellence« der Chaîne des Rotisseur in Rumänien und seit 2016 auch ihr kulinarischer Berater. Sein gastronomisches Gästehaus-Konzept nach dem Prinzip der italienischen »Alberghi Diffusi«, bei dem ganze Dörfer zur Beherbergung genutzt werden, wurde mehrfach mit »National Awards« ausgezeichnet.

← Die bodenständig-ländlich eingerichtete »Cabana« in einem einsam gelegenen Seitental unweit des »Valea Verde« ist Rückzugsort für kleine Verkostungen, Vesper oder Candle Light Dinner.

Gleichzeitig etablierte er zusammen mit seiner Frau als ausgebildeter Sozialarbeiterin und Krankenschwester ein Kinderhaus in den Wäldern Transsilvaniens. Unter der Leitung von Ulrike bekamen dort verwahrloste, deutsche *crash kids* eine Lebensperspektive und wurden auf die Wiedereingliederung in die deutsche Gesellschaft vorbereitet. Alle Jungs, die in den vielen Jahren einige Zeit bei Ulrike und Jonas in Cund verbringen durften, lernten dort lesen, schreiben, rechnen und absolvierten nach ihrer Rückkehr nach Deutschland ohne Ausnahme ihren Hauptschulabschluss. Jedes Kind wurde Teil des Lebens von Jonas und Ulrike. Die Kinder erfuhren Zuwendung und Vermittlung von Werten anstatt Beruhigungsmittel und Gelenkfesseln.

Dieses kleine, aber außerordentlich bedeutungsvolle Lebenswerk in der abgeschiedenen Umgebung der sanften Hügel von Siebenbürgen hat mein Verständnis von Kulinarik, Lebensfreude, Natur und humanistischen Werten bis zum heutigen Tage nachhaltig geprägt und mein unternehmerisches Schaffen beeinflusst. Auch wenn das Kinderhaus heute geschlossen ist, beschreibt »Larger than Life« dieses sinnvolle Engagement nur allzu treffend.

Transsilvanien, zu Deutsch Siebenbürgen, steht für verwunschene Dörfer, unberührte Wälder, wilde Narzissen und Orchideen, Bären, Wölfe, Turmfalken und für den schwarzen Burgundertrüffel. »Valea Verde« liegt im malerischen Dorf Cund mitten im Herzen der Karpaten und ist ein Ort, in dem sich deutsche, rumänische und ungarische Traditionen seit Jahrhunderten vermischen. Weiche, klare Luft, uralte Wälder, Täler und verschlungene Pfade umgeben dieses von Jonas und seiner Mannschaft geschaffene kulinarische Refugium. In diesem entschleunigenden, gleichzeitig inspirierenden Umfeld zelebriere ich seit über zehn Jahren kulinarische Authentizität, Regionalität und die Kunst, nachhaltig zu leben.

↖ Wie in einer Zeitreise ist in dieser verwunschenen Welt, in der die Zeit tatsächlich stehen geblieben zu sein scheint, die klassische Pferdekutsche Transportmittel erster Wahl, wenn man an die idyllisch-einsamen Orte wilder Wiesen und Wälder gelangen möchte.

↑ Zusammen mit Chef Jonas Schäfer entlädt sich die Leidenschaft für die Ursprünglichkeit des kulinarischen Produkts in Herkunft und Zubereitung. Diese Konzentration auf das Wesentliche setzt sich im gemeinsamen Verständnis im Umgang mit der Natur und dem Menschen als Teil davon fort (drei getrüffelte *signature dishes* von Chef Jonas Schäfer im Rezeptteil auf Seite 200, 246, 261).

Geographisch liegt Cund in einem der weltweit letzten Gebiete mit höchster Biodiversität, das heißt Anzahl an Spezies von Blumen, Gräsern und Kräutern pro Quadratmeter wilder Wiese. Auch Nicht-Botaniker erfahren diese Vielfalt über den gehaltvollen Duft der Wiesen, der Konzentration an Schmetterlingen aller Farben und der Vielzahl an für die Menschen überlebenswichtigen Bestäubern wie Bienen, Hummeln, Schmetterlingen, Ameisen und andere Insekten. Inmitten dieser unberührten Natur dient uns die einsame »Cabana« als Wildnisbeobachtungsposten für Braunbären, Wildschweine, Turmfalken, Damwild sowie als kulinarisches Refugium.

Romantischer Innenhof des Restaurants »Valea Verde« in einem der alten siebenbürgisch-sächsischen Bauernhöfe von Cund

Geist und Seele fesselndes *bonfire* im »Valea Verde« als Abschluss eines kulinarischen Abends oder Tages in der transsilvanischen Wildnis

← Cund liegt eingebettet inmitten unendlich erscheinender Wälder und Wiesen. Alte siebenbürgisch-sächsische Häuser und Höfe bieten Unterkunft für Naturliebhaber, Gourmands und Gourmets (www.valeaverde.com).

→ Unser Herzensprojekt, den »Alten Pfarrhof« von Cund, haben wir über drei Jahre renoviert, den Stil des vergangenen Jahrhunderts beibehalten und 2023 aus dem Dornröschenschlaf wach geküsst. Neben authentisch-stilvollen Übernachtungen gegenüber der stillgelegten Kirche aus dem 12. Jahrhundert inszenieren wir hier im privaten »Feuerbereich« und den beiden Scheunen kulinarische Outdoor-Techniken, heimische Kuhmilchkäse und den *spirit* von Cund als siebenbürgisch-sächsisches Dorf mit fast 900 Jahren Geschichte (www.alter-pfarrhof-cund.com).

Neben dem einheimischen Käsemacher Ishtvan Varga aus Cund hat es 2003 den naturverbundenen Unternehmer Christian Harfmann nach Transsilvanien und dann in die Dorfgemeinschaft gezogen. Mit seinem Herzensprojekt »Casa in Natura« führt er Menschen in die Natur und durch Transsilvanien.

Der gebürtige Österreicher lebt mit seiner Eselherde kompromisslos im Einklang mit der Natur und bewirtschaftet in Eigenregie einen Obstgarten mit 450 Birn- und rund 50 Walnussbäumen (www.transylvaniatravel.net).

← Eigentlich kennt man nur Schafs- und Ziegenkäse in der Region. Weil die Kuhmilchwirtschaft des elterlichen Familienhofes in Cund nicht profitabel produzieren konnte, ließ sich Sohn Ishtvan Varga 2015 zum Käsemacher ausbilden. Seine aus Kuhmilch hergestellten Hart- und gereiften Weichkäse sind heute landesweit begehrte Spezialitäten in ganz Rumänien (www.manufacturadebranza.ro).

↑ Anfang des 12. Jahrhunderts errichteten die Siebenbürger Sachsen in den abgelegenen »rollenden Hügeln Transilvaniens«, den charakteristischen Ausläufern der Karpaten, eine Kirche und gründeten die kleine Siedlung Reussdorf, das heutige Cund.

Bereits Mitte der 1990er-Jahre erkannte der damalige Prince of Wales, der heutige König Charles III. von Großbritannien, die ökologische Bedeutung Transsilvaniens als Lunge Europas und setzt sich mit einer eigenen Stiftung für den Erhalt traditionellen Handwerks und nachhaltiger Wirtschaftsweisen ein. Noch heute gibt es viele intakte Dorfgemeinschaften die autark, traditionell-nachhaltige Landwirtschaft betreiben und im Einklang mit der Natur in gesunden Ökosystemen leben. Die Landschaftsvielfalt in Transsilvanien ist einzigartig in Europa.

© Anca Duse

↑ Auf der Jagd nach dem »schwarzen Gold von Transsilvanien« in den hügeligen Buchen- und Eichenwäldern zwischen Cund und Dumbraveni. In den lockeren, gut durchlüfteten Waldböden finden wir gute Bedingungen für den schwarzen Burgundertrüffel *(Tuber uncinatum* und *Tuber aestivum)*. Einige heimische Farne sind Indikatoren für basische Böden und damit für einen für das unterirdische Pilzwachstum elementaren pH-Wert über 7.

→ Aus dem Boden direkt auf den Teller. Im handgedengelten Kupferkessel rühren wir auf einer Waldlichtung ein frisches Risotto. Die Trüffel werden kurz in kaltem Wasser mit der Wurzelbürste von den Erdresten gereinigt und frisch über das Risotte gehobelt.

↖ ↑ Der schwarze Sommertrüffel *(Tuber aestivum, Tuber uncinatum)* kann äußerlich leicht mit dem Wintertrüffel *(Tuber brumale)* verwechselt werden. Generell wird der Sommertrüffel etwas größer als sein direkter Verwandter und hat eine gröbere Haut. Im Anschnitt ist der Sommertrüffel deutlich heller als der Wintertrüffel. Beginnt die Bodentemperatur unter 8 °C zu sinken, was in der Regel ab Oktober der Fall ist, bildet sich der Wintertrüffel.

← Der Tag im »Valea Verde« beginnt gerne mit einem (oder zwei) klassischen »Egg Benedict« mit »ordentlich« frischen Trüffeln darüber …

»Tue Deinem Körper etwas Gutes, damit die Seele Lust hat, darin zu wohnen.« (Teresa von Ávila)

Zwischen der traditionellen Hafenstadt Setúbal und dem maritimen Dorf Sesimbra erstreckt sich entlang der südwestlichen Atlantikküste Portugals auf einem 22 Kilometer langen Streifen das Naturreservat Serra da Arrábida. Das rund 11 000 Hektar umfassende Reservat schützt die in diesem Gebiet hohe Biodiversität von Fauna und Flora sowohl auf Wald- als auch Unterwasserflächen. Mit unserem Katamaran erkunden wir die Küste und inszenieren an Bord traditionelle portugiesische Küche.

PORTUGAL

Portugal | Bucht von Setúbal

38°36‘20“Nord 08°43‘42“West

Die Bucht von Setúbal befindet sich unmittelbar an der Mündung des Sado in den Atlantik, 50 Kilometer südlich von Lissabon. Die wildromantische Bucht ist offiziell als eine »der schönsten Buchten der Welt« ausgezeichnet. Sie liegt in der südlichen Estremadura im Südwesten des Landes. Die Hafenstadt Setúbal grenzt an das spektakuläre maritime Naturreservat Serra da Arrábida. Über 10 000 Hektar geschützte Natur ziehen sich auf 22 Kilometern entlang der Küste nordwestlich von Setúbal bis Sesimbra. Im Norden wird die Serra da Arrábida von dem Wein-, Oliven- und Käse-Ort Azeitao begrenzt und im Osten von den sandigen Böden von Palmela. Aus dieser Region stammen die regionale Süßweinspezialität Moscatel Roxo (Roter Muskateller) sowie die Weltklasseweine der Heredade de Pegos Claros aus teils 100 Jahre alten Weinbergen der autochthonen portugiesischen Rebsorte Castelão, die auch unter dem Synonym Periquita bekannt geworden ist.

Die überdachte Markthalle des »Mercado do Livramento« in Setúbal gehört zu den schönsten Märkten weltweit und ist legendärer Umschlagplatz für fangfrischen Fisch und Schalentiere sowie regionale Fleisch-, Geflügel- und Gemüsespezialitäten. Die Halbinsel von Setúbal ist ein Paradies für die Zubereitung von frischem Fisch und Meeresfrüchten auf offenen Holzfeuern.

Inmitten der Weinberge nahe dem kleinen Dorf Poceirão liegt das private Anwesen einer befreundeten portugiesischen Unternehmer-Familie. Dort inszeniere ich seit 2019 in traditionell-stilvollem Ambiente die authentisch-maritime, portugiesische Lebensart. Auf einem exklusiven Katamaran entlang der Küste der Serra da Arrábida zelebriere ich in traditionellen kupfernen Cataplanas das »Kochen an Bord«. Parallel dazu erhalten meine Gäste fundierte Informationen über das Meeresgebiet dieses Naturschutzreservats und sein einzigartiges Delfin-Schutzprojekt. Maria João Fonseca und Pedro Narra begleiten in der Bucht von Setúbal eine dort seit über 20 Jahren resident lebende Delfin-Gemeinde, die »Golfinhos do Sado« – der Stolz Setúbals. Ihr leidenschaftliches Projekt dokumentiert das Leben der Delfine und schützt deren Habitat.

↑ Ein Frango – ein zwei bis drei Kilogramm schweres, frei laufendes, mit Mais gefüttertes Huhn, langsam über zwei Stunden knusprig vor und über Holzfeuer/Glut gegart, ist nicht nur geschmacklich, sondern auch optisch ein unvergessliches Erlebnis.

↖ Die bodenständige, ehrliche und vielfältige ländlich-maritime Küche Portugals ist für viele Menschen gänzlich unbekannt. Frischer Fisch, Meeresfrüchte, Geflügel und Porco Preto – das portugiesische schwarze Schwein – bilden neben den geschmacksintensiven regionalen Gemüsen die Basis unserer authentischen Zubereitungen auf dem Holzfeuer.

↑ Für ihre Kabeljaufänge entwickelten baskische Fischer bereits im 15. Jahrhundert die Technik der Konservierung durch Einsalzen und Trocknen an der Seeluft. Diese Technik übernahmen die Portugiesen im 19. Jahrhundert und Bacalhau – eingesalzener, luftgetrockneter Kabeljau – entwickelte sich zu einem der Nationalgerichte Portugals. Über zwei Tage in frischem Wasser gewässert, alle sechs Stunden das Wasser austauschen und dann portionierte Stücke auf den heißen Grillrost gelegt, ist eine von – wie der Portugiese sagt – 1000 Zubereitungsarten für Bacalhau. Mindestens gibt es aber 365 verschiedene Rezepte – für jeden Tag des Jahres eines.

Knusprige Rippchen vom Zicklein, Meeresspinnen und saftige Porterhouse-Cuts von den portugiesischen Cachena-Bergrindern sind weitere Protagonisten der ländlichen Küche Portugals.

↑ Die Bucht von Setúbal, offiziell ausgezeichnet als einer der schönsten Buchten der Welt ist unmittelbar an der Mündung des Flusses Sado in den Atlantik gelegen. Das Mündungsgebiet ist nationales Natureservat. Seit 2002 ist die Bucht von Setúbal Mitglied im »Club der schönsten Buchten der Welt«. Dieser Club fördert den Erfahrungsaustausch zwischen den Mitgliedern zu Maßnahmen zum Schutz, der Erhaltung und nachhaltigen Entwicklung dieser biodiversen Hot Spots.Dieses reichhaltige Ökosystem mit seinen Korkeichenwäldern, endlosen weißen Dünen, salzigen Wiesen und seinem salzhaltigen Mündungswasser ist natürliches Habitat von über 200 Vogelarten und einer hochdiversen Vielfalt an Fisch- und Schalentierarten, Kalamaren und Sepien.

← Auf dem Wasser tauchen wir im wahrsten Sinne des Wortes ein in die Welt des einzigartigen Delfin-Schutzprojektes von Maria Jao Fonseca und Pedro Narra, die dort seit Ende der 1990er-Jahre die in der Bucht lebende Delfin-Gemeinde leidenschaftlich begleiten, deren Habitat schützen und deren Leben dokumentieren (www.vertigemazul.com).

↑ Die Bucht von Setúbal ist auch der natürliche Lebensraum der »Golfinhos de Sado«, eine der wenigen sesshaften Delfingemeinschaften in Europa.

↗ → Auf dem exklusiven, privaten Katamaran von Maria und Pedro zelebrieren wir in authentisch-portugiesischen Kupfertöpfen (Cataplana) einen traditionellen, geschichteten Seefischeintopf (Caldeirada) mit Seeteufel, Rochen, Meeraal, Kartoffeln, Paprika, Tomaten, Knoblauch und Olivenöl (Salz- und Süßwasserfisch-Zubereitungen im Rezeptteil).

↑ Das von Franziskaner-Mönchen im 16. Jahrhundert gegründete Kloster »Convento de Arrabida« liegt idyllisch umschlossen vom Naturreservat Arrabida in den bewaldeten Felshängen nordwestlich von Setúbal und überblickt die malerische Küstenlandschaft der Bucht von Setúbal und der Halbinsel Tróia.

→ Das kulinarische Leben in und um Setúbal dreht sich um einen der eindrucksvollsten Fischmärkte der Welt, dem 1876 gegründeten »Mercado do Livramento«. Während unserer »Culinary Camps« in Setúbal dient der »Mercado« eher als Schatzkammer, denn als Vorratskammer. Die Vielfalt an täglich frischem Fisch und Schalentieren ist beeindruckend. Aber auch Geflügel, Fleisch, Obst, Gemüse, die berühmten Käse und Törtchen der Region (Pasteis de Nata) finden sich hier in beeindruckender Vielfalt und Qualität.

In der mit traditionellen Keramikfliesen (Azulejos) gefliesten Markthalle von Setúbal aus dem 19. Jahrhundert bieten über 300 unabhängige Fischer, Bauern und regionale Händler ihre frischen und handwerklich hergestellten Produkte an. Knapp die Hälfte der Markthallenfläche präsentiert frischgefangene Meeresbewohner. Ein Fest für die Sinne!

Der Fischereihafen von Setúbal, einer der bedeutendsten Umschlagsorte für Fisch und Meeresfrüchte in Portugal. Oberhalb in den Küstenausläufern der Serra da Arrábida thront über der Bucht von Setúbal das »Castelo de Sao Filipe«, die ehemaligen Verteidigungsanlage von Setúbal aus dem 16. Jahrhundert.

Das 1920 gegründete Weingut »Heredade de Pegos Claros« produziert auf knapp 40 Hektar sandigen Böden des einzigartigen Terroirs von Pamela unweit der Bucht von Setúbal Weltklasseweine aus der Rebsorte Castelao.

»Pegos Claros« steht für die Konzentration auf das Wesentliche, keine Touristen, kein Merchandising. Die Trauben werden noch in großen Steinbecken (Lagares) mit den Füßen gemaischt und entsaftet. Die gute Seele des Landgutes Paulo Santos hütet das Weingut seit drei Jahrzehnten wie seinen Augapfel.

Weinmacher Bernardo Cabral, die önologische Seele von »Pegos Claros« setzt mit 100 Jahre alten Castelao-Rebstöcken auf Minimalismus und lässt der Natur freien Lauf. Seine Weine stehen für Konzentration und Eleganz und sind weltweit höchstbewertet.

Das Landgut liegt in unmittelbarer Nachbarschaft unserer privaten Camp-Location zwischen Pamela und Poceirao.

Im stilvollen »Rochas House«, der privaten Finca der befreundeten Unternehmerfamilie Pontes-Rocha inszenieren wir traditionelle portugiesische Lebensart. Das abgeschieden gelegene Anwesen mit Pool, BBQ-House und Obstgarten liegt unweit der Mündung des Sado in den Atlantik an der Bucht von Setúbal. 20 Minuten entfernt vom Mercado do Livramento ist die Finca Bühne und Basis unserer authentisch-kulinarischen Feuerinszenierungen (www.rochashouse.com).

Im ländlich-maritimen Klima der Region Alentejo in Lissabons Süden schenkt uns der Obstgarten der Finca Zitrusfrüchte, Granatäpfel, Mangos und Kiwis.

ISLAND

»Horche lang genug auf die Natur und die Natur spricht zu dir.«
(Weisheit der Trolle)

Der Berg Reynisfjall und die davor liegenden Felsnadeln Reynisdrangar gehören wie der östlich gelegene Ort Vik i Mýrdal mit seinen schwarzen Stränden zur Gemeinde Mýrdalur im äußersten Süden Islands. Der Legende nach handelt es sich bei Reynisdrangar um unvorsichtige Trolle, die bei der Landung ihres Bootes, überrascht von der Morgensonne, versteinert worden sind.

↑ Der Fluss Hólaá entspringt dem kleinen See Laugarvatn. Heiße Quellen verleihen dem See und der gleichnamigen Siedlung am Nordufer ihren Namen: in Isländischer Sprache bedeutet *laugar* »heiße Quelle« und *vatn* steht für »See«.

← Vor der traumhaften Kulisse des Laugarvatnsfjall, südlich des zweitgrößten Gletschers von Island, dem Langjökull, trifft man im Fluss Hólaá auf gute Bestände von arktischen Saiblingen und wunderschön gezeichneten Bachforellen *(Brown Trouts)*.

↗ Ein Paradies für Fliegenfischer und die, die es noch werden wollen. Der Fluss Hólaá ist einer der wenigen Strecken in Island, in denen auch mit der Spinnrute gefischt werden darf.

Island | Feuer & Eis ... und Trolle!

64°05‘01“Nord 20°59‘37“West

Trolle lebten schon lange vor der ersten Besiedelung Islands durch die Menschen auf der größten Vulkaninsel der Erde. Frei nach Brian Pilkington sind Trolle zurückhaltende, treue, hochintelligente Wesen, die zurückgezogen im Einklang mit der Natur leben. Und Trolle sind sehr stark! Die Tatsache, dass man noch niemals einen Troll gesehen hat, bedeutet nicht, dass sie nicht existieren.

Beschäftigt man sich mit der Entstehungsgeschichte Islands, versteht man sehr schnell die Bedeutung der Trolle und Volksmärchen für die isländische Bevölkerung über die Jahrhunderte hinweg. Sehr viele Orte haben bis heute einen Bezug zu Trollen im Namen. Jedes Land hat seine Märchen, Geschichten und Lieder, in denen die Menschen ihre Ängste und Sehnsüchte verarbeiten. Island besitzt sehr viele dieser Volkssagen. Die überwältigende Natur der Insel aus Feuer und Eis beflügelte die Fantasie der dort lebenden Menschen. Man saß in Höhlen oder moosbedeckten Langhäusern, zusammen mit Nutzvieh und Haustieren, um ein Feuer und erzählte sich Geschichten als Bestandteil eines Tagesablaufes. Während der ersten tausend Jahre nach der Besiedelung der Insel durch die Menschen gab es keine dörflichen Strukturen. Das erste Dorf entstand Mitte des 18. Jahrhunderts.

In der Mythologie der Nordmänner lebten die Götter der Wikinger in Asgard, der Stadt der Götter. Odin war der Allvater und Thor einer seiner bedeutendsten Söhne. Die Götter trafen sich täglich zur Beratung an ihrer heiligsten Stätte, unter der Esche Yggdrasil, die sie auch die Weltesche nannten, da sich ihre Wurzeln und Äste in alle Bereiche der Welt verzweigten. Das Geschlecht der Menschen lebte in Midgard. Midgard wurde aus den beiden Urwelten Feuer und Eis geschaffen. Walhalla war die Heimat aller tapferen, mit dem Schwert im Kampf gefallenen Krieger. Dort saßen sie mit Odin an einem Tisch und aßen und tranken an hedonistisch gedeckten Tafeln am Spieß gegrilltes Wildschwein. Odin selbst aß nicht und gab seine Speisen seinen beiden Wölfen. Wein allein reichte ihm als Nahrung.

↑ Frischgefangener arktischer Saibling auf Birken-Holzscheit über Holzfeuer gegart

← Aufgrund der Holzknappheit in Island werden Lachs, Bachforelle und Saibling traditionell über getrocknetem Schafsdung geräuchert. Um den charakteristischen Ammoniak-Geruch aus dem Dung zu entfernen, wird dieser zunächst über einen längeren Zeitraum in der Sonne getrocknet

→ Gullfoss, der »goldene Wasserfall« des Flusses Hvitá gehört aufgrund seiner hinabstürzenden Wassermassen auf zwei Ebenen zu den spektakulärsten Wasserfällen Islands.

Hat man einmal die spektakulären und atemberaubenden Höhlen-, Felsen- und Landschaftsformationen oder die mächtigen Wasserfälle Seljalandsfoss, Skogafoss, Gullfoss oder Dettifoss aus der Nähe erlebt, versteht man, warum die Wikinger auf diese karge Insel übersiedelten. Natur und Geologie fügen sich nahtlos in das raue Weltbild ihrer Mythologie ein. In der isländischen *Edda*, der sogenannten *Snorra-Edda*, hat Snorri Sturlusen zu Beginn des 13. Jahrhunderts diese Götter- und Heldensagen eindrucksvoll niedergeschrieben.

Island ist das am dünnsten besiedelte Land Europas und die größte Insel im Nordatlantik. Rund 360 000 Menschen leben in der von Vulkantätigkeiten, Gletschern, Flüssen, Seen und Wasserfällen geprägten Insellandschaft. Island liegt auf der Berührungslinie der nordamerikanischen und eurasischen tektonischen Landplatten unmittelbar unterhalb des arktischen Polarkreises.

Island gilt als Land, das in der Geschichte der Menschheit als letztes von Menschen besiedelt wurde. Obwohl offiziell die Nordmänner Ende des 9. Jahrhunderts Island als Erste besiedelten, ist belegt, dass sich bereits im 7. und frühen 8. Jahrhundert norwegische Siedler und einige keltische Mönche aus Irland dort niedergelassen hatten.

Wenn Nordmänner mit ihren Schiffen auf Raubzüge gingen, so nannte man einen solchen Raubzug »Viking«. Der Name »Wikinger« leitet sich davon ab, in der englischen Sprache *viking*. Auf Isländisch bedeutet das Wort *vik* Bucht. Man sagt der Kampftaktik der Wikinger nach, dass sie grundsätzlich aus der Deckung von Buchten angriffen. So erklärt sich die Übernahme des Namens in die isländische Sprache. Zu den Nordmännern gehören Norweger, Schweden und auch Dänen. Offiziell gilt der schwedische Wikinger Gardar Svavarsson als Entdecker Islands.

Die traditionellen Speisen der Isländer reflektieren Natur und Geschichte der Insel. Lachse, Forellen und arktische Saiblinge aus den von Gletscherabläufen gebildeten Bächen, Flüssen und Seen

sowie Seevögel von den Klippen der umgebenden Küste sind fester Bestandteil der isländischen Küche. Das Räuchern dient im Wesentlichen der Haltbarmachung von Fisch. Aufgrund rigoroser Abholzungen der Wikinger für ihren Hütten- und Schiffsbau sowie die Vulkantätigkeiten über die letzten Jahrhunderte ist der Holzbestand auf der Insel stark dezimiert. Geräuchert wird deshalb mit getrocknetem Schafsdung. Pferde und Schafe überstanden die Abkühlung des Klimas seit dem 13. Jahrhundert und haben sich im Speiseplan etabliert. Der Geschmack des in Freiheit lebenden isländischen Lamms ist einzigartig. Es ernährt sich ausschließlich von mineralstoffhaltigem Gras, das auf von Lavaasche angereicherten Böden wächst.

Die Gewässer vor Island sind ein Hotspot maritimer Artenvielfalt. Vor der Küste Islands treffen der eiskalte Grönlandstrom und der warme Golfstrom aufeinander. Das Zusammentreffen der beiden Strömungen führt zu einem außerordentlich hohen Fischaufkommen und großer Artenvielfalt in Islands Küstengewässern. Es entsteht ein ähnlicher Effekt wie vor der Küste Südafrikas. Im Auftriebsgebiet steigt nährstoffreiches kaltes Wasser in die Oberflächenwasserzone, in der durch Lichteinwirkung und Algentätigkeit Phytoplankton entsteht. Phytoplankton ist die Lebensgrundlage aller Meeresbewohner.

Durch die atemberaubende Schönheit der Naturlandschaften, die einzigartige Wasserqualität und stringente Pflege von Fischbeständen und Natur gilt Island als Mekka für Fliegenfischer. Ich würde in Island mit der Fliege fischen, auch wenn ich wüsste, dass keine Fische im Wasser sind

Der Fluss Hólaá verbindet den See Laugarvatn mit dem für seinen Fischreichtum bekannten, süd-östlich gelegenen See Apavatn. Lachse steigen bis in diese Seen/Flussläufe nur selten auf, dafür sind sie reicher an prächtigen Saiblingen und Bachforellen.

Etwa zehn Prozent der Fläche Islands sind mit Gletschern bedeckt. Unter den Gletschern befinden sich 33 aktive Vulkansysteme. Die Schmelzwasserabflüsse der Gletscher bilden neben einigen Quellflüssen die Landschaftsstruktur der Insel aus Feuer und Eis. Lachsflüsse sind über die gesamte Insel verteilt. Die Landfischerei auf Salmoniden in Island wird sehr restriktiv gehandhabt. Die meisten Lachs-, Forellen- und Saiblings-Flüsse und Seen befinden sich in Privatbesitz und es werden nur wenige Lizenzen in den unterschiedlichen Teilstrecken, den *beats* vergeben. So bleiben das einzigartige Ökosystem und sein legendärer Fischreichtum nachhaltig geschützt.

↑ Fliegenfischen auf Island gehört mit zu den absoluten Highlights der meisten Fliegenfischer und fehlt auf keiner *bucket list*. In atemberaubender Naturkulisse erwachen die Urinstinkte des Jägers und des Feuermachens. In dieser rauen Ursprünglichkeit spürt man sich wieder als Teil der Natur und bekommt durch Perspektivenwechsel den Kopf frei für Neuausrichtung und Kreativität.

→ Die mit Erde, Gras oder Moos bedeckten, meist auch in Höhlen eingebauten Langhäuser dienten den Wikinger-Familien zusammen mit ihren Haus- und Nutztieren als Wohnstallhaus.

↑ Islandpferde sind robuste, reinrassige Kleinpferde aus Island. Um die Rasse genetisch rein zu halten, dürfen keine Pferde nach Island importiert werden. Isländische Bauern züchten hauptsächlich Pferde und Schafe. Rund 60 Prozent der gezüchteten Islandpferde werden insbesondere im grasreichen Süden des Landes traditionell für die Fleischproduktion gezogen.

↖ Mit den Wikingern gelangten auch Schafe und Lämmer nach Island. Diese waren robust genug, um in den extremen klimatischen Bedingungen der Insel zu überleben. Auf Island leben rund 800 000 Schafe. Aufgrund der Vulkantätigkeiten hat das isländische Gras einen sehr hohen Anteil an Mineralstoffen. Neben der Haltung der Schafsherden in freier Natur prägen deren natürliche Ernährung den geschmacklich außergewöhnlichen Charakter des fein marmorierten Fleisches.

↗ Junge isländische Schwäne am Alftavatn (Schwanensee) im Süden der Insel

↑ Der schwarze von Lava gebildete Strand Reynisfjara bei Vik i Mýrdal, dem südlichsten Ort Islands

↖ Vikurkirkja, die evangelische Kirche von Vik i Mýrdal, gesehen durch die Skulptur von Odins ältestem Sohn Thor mit Blitzhammer auf seinem Wagen. In der nordischen Mythologie war Thor der Wettergott, aber auch der Gott der Fruchtbarkeit. In den altisländischen Schriften der *Edda* galt Thor als der Beschützer von Midgard, dem Reich der Menschen.

↑ Die klippenartigen Ausläufer des 340 Meter hohen Bergs Reynisfjall reichen bis zum schwarzen Strand und dienen Papageitauchern und Eissturmvögeln als Brutstätte.

Über den spektakulären Wasserfall Seljalandsfoss stürzt der Fluss Seljalandsá 66 Meter in die Tiefe und mündet wenige Kilometer entfernt in den Atlantik. Der Seljalandsá entspringt dem Eyjafjallajökull-Gletscherplateau, welches den gleichnamigen Vulkan bedeckt.

An der heutigen Fallkante des Seljalandsfoss lag Ende der letzten Eiszeit die südliche Küstenlinie Islands. Über einen schmalen Pfad gelangt man hinter die stürzenden Wassermassen und hat einen spektakulären Blick in die Ebene des Quellflusses Eystri-Ranga, der östlichen Ranga.

Das Flussbett des Seljalandsá kurz bevor sein Wasser in die Tiefe stürzt, war bei Landnahme der Wikinger ein dicht bewaldetes Gebiet.

Bevor die Wikinger im 9. Jahrhundert begannen, Island zu besiedeln, waren rund ein Viertel der Inselfläche bewaldet. Da die Wikinger aber Holz für den Bau ihrer Schiffe und Häuser benötigten, reduzierte sich der Waldbestand auf unter zwei Prozent der Inselfläche. Island wird deshalb auch die »Insel ohne Wälder« genannt.

↑ Im Südwesten Islands durchfließt der starkströmende Fluss Sog den Alftavatn (Schwanensee) und mündet bei Selfoss in den Nordatlantik.

↓ Das isländische Wort *geysa* bedeutet frei übersetzt »heraussprudeln/herausbrechen/heiße Fontäne«. Von diesem Wortstamm abgeleitet ist ein Geysir eine »explodierende heiße Quelle« und damit Namensgeber aller Geysire weltweit.

↘ Der aktivste Geysir in Island heißt Strokkor, er liegt im Haukadalur-Tal (Tal der Greifvögel) in den Ausläufern des Berges Laugarfjall im Süden der Insel.

Der Fluss Skoga entspringt demselben Gletscherplateau (Eyjafjallajökull) wie der Fluss Seljalandsá. Bei Erreichen der Fallkante stürzt sein Wasser 60 Meter in die Tiefe. Der Wasserfall wird auch »Waldwasserfall« genannt (Skogafoss), da sein Plateau zur Zeit der Wikinger noch stark bewaldet war. Der Skogafoss versickert zunächst unmittelbar in seinem Tosbecken und mündet als schmaler Bach nach fünf Kilometern in den Atlantik. Bei blauem Himmel und Sonnenschein entstehen regelmäßig Miniatur-Regenbögen.

Die südisländische Gletscherzunge Sólheimajökull ist eine der Gletscherzungen des Mýrdalsjökull-Gletscherplateaus, welches sich direkt über Islands aktivsten Vulkan Katla ausbreitet. Das Gletscherplateau liegt in direkter Nachbarschaft zum Eyjafjallajökull. Wenn von Gletschern bedeckte Vulkane ausbrechen, kommt es durch das schmelzende Eis zu sintflutartigen Wassermassen, die sich in die Ebenen ergießen.

Die Erde befindet sich gegenwärtig in einem »Eiszeitalter«, dem Quartär. Ein Eiszeitalter definiert sich über vergletscherte Polkappen. In der Klimageschichte der Erde wechseln sich in unregelmäßigen Abständen Warm- und Kaltzeiten ab – selbst innerhalb von Eiszeiten. Erdzeitgeschichtlich befindet sich die Erde seit etwa 12 000 Jahren in einer solchen Warmzeit, einem sogenannten »Nacheiszeitalter« (Holozän). In der Geschichte der Erde sind eisfreie Polkappen der Normalzustand. Eiszeitalter sind die Ausnahme.

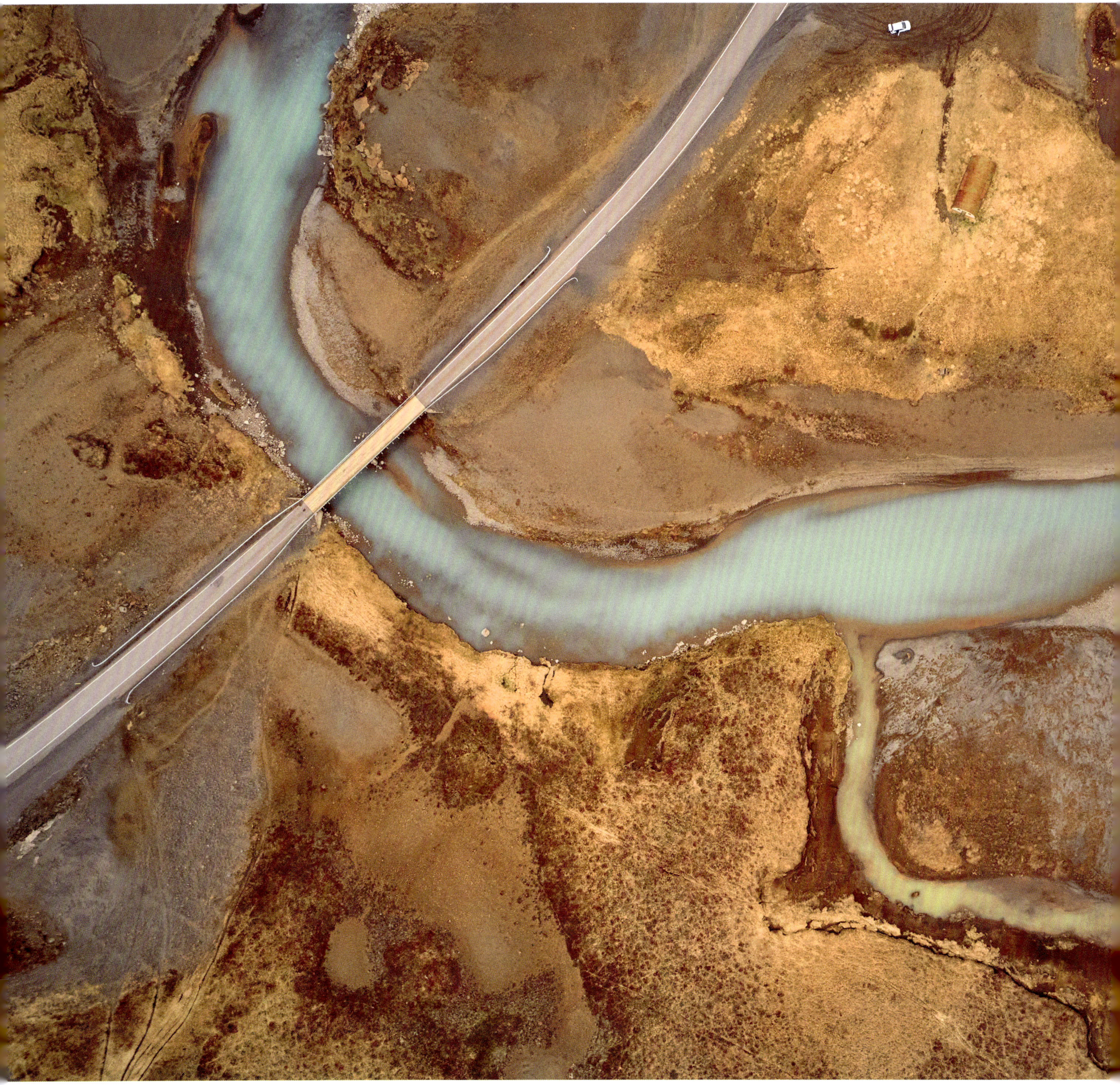

Faxifoss heißt der etwa 80 Meter breite Wasserfall des verzweigten Quellflusses Tungufljot. Das Tosbecken und der darauffolgende Abschnitt sind ein Lachs-Hotspot. Beim Aufstieg zu den Laichplätzen können die Lachse die Fallkante von sieben Metern flussaufwärts über eine Lachstreppe überwinden.

»Aus der Mitte entspringt ein Fluss«

MONGOLEI

In der Mongolei leben mehr Pferde als Menschen. Allein die traditionell lebenden Nomaden halten über drei Millionen Pferde ganzjährig in freier Natur.

Mongolei | Mongolische Steppe

50°12‘37“Nord 100°05‘02“Ost

Ein Jahr nach der Rückgabe der Staatshoheit der britischen Kolonie Hongkong an die Volksrepublik China führte mich 1998 meine umtriebige Leidenschaft, neue Ufer zu entdecken, zum ersten Mal auf den asiatischen Kontinent. Von Hongkong aus entwickelte sich meine Tätigkeit nach Shanghai. Durch meine Begeisterung für die chinesische Kultur und die grandiose traditionelle chinesische Küche ist mein von internationalem Weinhandel geprägtes kulinarisches Netzwerk beständig gewachsen. Ab 2006 erweiterte sich mein unternehmerisches Schaffen auf 48 Städte in China. In den darauffolgenden zehn Jahren verbrachte ich jährlich insgesamt bis zu vier Monate in Asien. Daraus entwickelten sich weitere kulinarische Tätigkeiten in Japan, Vietnam, Singapur und Thailand. Asien hat mein Leben und mein interkulturelles Verständnis maßgeblich geprägt.

Meine bis zu diesem Zeitpunkt erlangte Expertise in asiatischen Kulturen ermöglichte es mir 2017, als Teilnehmer einer sechsköpfigen Unternehmer-Delegation in die Mongolei zu reisen. Die Reise wurde von einem Ableger der Fraunhofer-Gesellschaft in Zusammenarbeit mit einer der einflussreichsten Unternehmerfamilien der Mongolei organisiert. Wir trafen den mongolischen Wirtschaftsminister und den deutschen Botschafter in der Hauptstadt Ulaanbataar. Aus erster Hand erfuhren wir über die wirtschaftliche Situation und Entwicklungsmöglichkeiten in diesem am dünnsten besiedelten Land der Erde. In der Mongolei leben knapp dreieinhalb Millionen Menschen auf einer Landfläche, die knapp das Fünffache der Bundesrepublik Deutschland beträgt. Eineinhalb Millionen Menschen leben in der Hauptstadt. Die Anzahl wild lebender Tiere wird auf 80 Millionen geschätzt. Gleichzeitig zählt die Mongolei zu den zehn rohstoffreichsten Ländern der Erde.
Neben dem Schamanismus als ursprüngliche Religion der Nomadenvölker beschäftigte ich mich im Gandan-Kloster in Ulaanbataar

↑ *Catch, kiss and release* ist strenge Regel am nordmongolischen Fluss Eg.

↗ Mit den genügsamen, pflegeleichten mongolischen Kleinpferden gelangt man auch an Stellen, an die selbst der 4 x 4-Jeep nicht mehr ausreicht.

mit dem in der Mongolei verbreiteten Lamaismus, der tibetisch geprägten Form des Buddhismus. Mit diesem zunächst oberflächlichen Wissen hatte ich eine Grundlage für das Verständnis der Lebensweise der Steppenbewohner geschaffen.

Aus der Unternehmerfamilie lernte ich Esentsengel Sukhee, kurz Esee, kennen. Esee studierte in Deutschland Betriebswirtschaft und spricht fließend Englisch und Deutsch. Durch unsere gemeinsamen Leidenschaften für Natur, Outdoor-Camps und das Fliegenfischen entwickelte sich über die Jahre eine Freundschaft. Mit Esee lernte ich nicht nur die mongolische Steppe kennen, sondern erfuhr viel Traditionelles über die Kultur und Lebensweise der Reitervölker. In der Einsamkeit und Stille der grasbewachsenen Steppenlandschaften der nördlichen Mongolei scheint die Zeit vor der Zivilisation der Menschheit stehen geblieben zu sein. Es erschließt sich eine ursprüngliche Welt endloser, unberührter Steppen- und Hügellandschaften, glasklarer Trinkwasserflussläufe und einer wilden Fauna und Flora. Sie bilden die natürliche Lebensgrundlage der außerhalb der Zivilisation lebenden Menschen.

Das strenge »Catch-and-Release«-Fischen auf den sibirischen Taimen in dieser unberührten Natur gilt für viele Fliegenfischer als ultimatives Erlebnis. Esee ist gleichzeitig Motor der »Save the Taimen«-Initiative, die sich seit vielen Jahren erfolgreich für den Schutz dieser Spezies einsetzt.

Im Gebiet von Teshig in der nordmongolischen Provinz Bulgan, 80 Kilometer südlich der Grenze zu Sibirien, vermittle ich einen tiefen Einblick in das Leben indigener Nomadenvölker, ihr Verständnis für die Natur und die von nomadischer Viehwirtschaft bestimmte Ernährung.

↑ Charakteristisch für die in der Steppe lebenden Nomadenfamilien sind ihre freundlichen Gesichter

Die Küche der in der Steppe lebenden Nomaden ist geprägt von Fleisch und Milchprodukten ihrer in Freiheit lebenden Herden von Schafen, Ziegen, Rindern, Yaks und Pferden. In südlicheren Gebieten der Mongolei dienen auch Antilopen und Kamele der Ernährung der Menschen.

← Fleisch wird in der Regel über mehrere Stunden in Salzwasser mit Zwiebeln, Karotten und Knoblauch gekocht und ohne Beilagen verspeist. Begehrtester Teil sind dabei die Knochen, von denen selbst die süßlich schmeckende Haut abgezogen und gegessen wird. Der schmackhafte Sud wird mit Reis oder Nudeln angereichert oder mit Fleischfetzen zu nahrhaften Eintöpfen konzentriert. Innereien wie Herz, Leber, Niere, Lunge, Magen und Darm werden gründlich gereinigt, separat gekocht und serviert. Die Innereien werden vor dem gekochten Fleisch und Knochen serviert. In den Jurten wird traditionell mit einem scharfen Feldmesser und den Fingern gegessen.

↖ Am Fluss oder im Feld bedient man sich gerne praktischer Reisschalen und Stäbchen

Je nach Niederschlagsmengen und Wasserstand können Flussüberquerungen eine Herausforderung an Fahrer, Mannschaft und Material sein.

Der Taimen *(Hucho taimen)* bekommt einen Kuss und wird schonend zurückgesetzt. Die Lenok-Forelle gibt es zum Mittagessen.

Bei allen unseren Camps weltweit halten wir die Gruppengröße mit maximal 8–10 Teilnehmern bewusst klein.

Wilde Pferdeherden, die plötzlich den Fluss überqueren, sind in der Steppe nichts Außergewöhnliches.

Der Norden der Mongolei, Zeitreise in eine Zeit vor der Zivilisation. Hügelige Kiefern- und Lärchenwälder zeigen die Nähe zur sibirischen Taiga an.

← Mittag- und Abend-Lagerfeuer in der hügeligen Landschaft unseres Jurten-Camps am Ufer des Flusses Eg

↙ Im Camp erzeugt ein Generator den Strom für Licht und Kühlung. In der Camp-Küche werden »Chuuschuur« – traditionell mit Lammfleisch gefüllte mongolische Teigtaschen – zubereitet und anschließend in Lammfett gebraten.

↑ Wenn selbst das Pferd nicht weiterkommt, wechseln wir auf unsere mit kräftigen Außenbordern ausgestatteten Schlauchboote, um an die vermuteten Fisch-Hot-spots zu gelangen.

→ Mit unseren mongolischen Freunden und Outdoor-Partnern Esee und Ganbat zeigen wir wie groß die Fische im Fluss Eg hätten sein können ... und beweisen damit, dass es selbst in der Abgeschiedenheit der mongolischen Steppe »Anglerlatein« gibt.

← ↑ Die Gastfreundschaft in der mongolischen Steppe ist einzigartig. Bereits Kinder begrüßen Fremde, die sich ihrer Jurte nähern mit freudiger Herzlichkeit.

↑ Ein junger Taimen aus einem Seitenarm des Flusses Eg. Ältere Exemplare erreichen in der Mongolei eine Größe von bis zu zwei Metern bei einem Gewicht von bis zu 60 Kilogramm.

↑ Beim »Chorchog«, einer traditionellen Garmethode mit heißen Steinen, werden in der Regel Ziegen oder Murmeltiere, seltener auch Schafe nach der Schlachtung in portionierten Stücken zusammen mit glühenden Flusssteinen über mehrere Stunden in einem geschlossenen Kessel gekocht. Bei einer anderen traditionellen Variante, dem »Bodoog« werden zunächst die Knochen des Tieres so ausgelöst, dass der gesamte Körper im Ganzen erhalten bleibt. Anschließend wird der Körper ebenfalls mit glühenden Flusssteinen und etwas Flüssigkeit gefüllt und über einer Glut von innen und außen gegart.

Mit 4 x 4-Jeeps über 600 Kilometer – davon 250 Kilometer *off road* – von der Landeshauptstadt Ulaanbataar in nord-westlicher Richtung in unser Camp am Fluss Eg nahe der Grenze zu Sibirien

KAPITEL 4

CULINARY TASTE

Alle Mengenangaben in diesem Kapitel sind für sechs Personen berechnet. Grundsätzlich können alle Zutaten, Mengen und Garzeiten individuell nach eigenem Geschmack variiert werden. »Über heißer Glut« bedeutet einen Abstand von etwa zehn Zentimetern über der wie ab Seite 276 beschriebenen vorbereiteten Glut.

MEERESFRÜCHTE & SCHALENTIERE VOM HOLZFEUER

JAKOBSMUSCHEL | WAKAME | KNOBLAUCH | OLIVENÖL

Zutaten

6 Jakobsmuscheln (Kammmuschel/Coquille St. Jacques), Muschelfleisch und Schalen
12 EL Olivenöl
50 g Knoblauchzehen, fein gehackt
Salz
300 g Wakame-Algensalat
6 EL rosa Beeren

Zubereitung

Das Muschelfleisch auf die Muschelschalen verteilen und 2 EL Olivenöl in jede Muschelschale geben.

Fein gehackte Knoblauchzehen gleichmäßig auf die Muschelschalen geben und mit einer Prise Salz würzen.

Die Muschelschalen auf den Grillrost über heiße Glut setzen. Sobald das Öl zu sieden beginnt, das Muschelfleisch wenden und Wakame-Algensalat gleichmäßig auf das Muschelfleisch legen.

Nochmals mit einer Prise Salz würzen. Je Muschelschale 1 EL rosa Beeren darüberstreuen, vom Feuer nehmen und auf kleinen Tellern servieren.

HUMMER | ZITRONE | BUTTER | KNOBLAUCH

Zutaten
6 Hummer (à etwa 400–500 g)
250 g Butter
100 g frische Knoblauchzehen, fein gehackt
2 gewaschene Zitronen, Saft und abgeriebene Schale

Zubereitung
In einer kleinen Pfanne oder einem Saucentopf die Butter über der heißen Glut mit dem Knoblauch und Zitronensaft und Schale schmelzen, verrühren und mit einer Prise Salz abschmecken.
Die Hummer durch einen Stich etwa 2 cm hinter dem Horn töten und der Länge nach halbieren. Mit der Schnittfläche auf den Rost über eine heiße Glut legen und etwa 20 Sekunden garen.
Anschließend wenden und für etwa 2–3 Minuten auf der Schale grillen. Nicht mehr wenden!

An den Rand des Grillrostes ziehen und das Schwanzfleisch mit der flüssigen, heißen Butter großzügig einpinseln. In der reduzierten Temperatur des Grillrandes für 2–3 Minuten ziehen lassen und dann servieren.
Den intensivsten Geschmack haben Schalentiere, wenn sie *tiède* genossen werden, also etwas über Körpertemperatur des Menschen (lauwarm).
Als einfache Beilage eignen sich Baguette und Salat.

LANGUSTE | LIMETTE | BUTTER | TOMATE | BASILIKUM

Zutaten

6 Langusten (à etwa 300–400 g)
250 g Butter
100 g frische Knoblauchzehen, fein gehackt
Salz
10 bunte Cherrytomaten
4 Limetten
5 Stengel Basilikum

Zubereitung

In einer kleinen Pfanne oder einem Saucentopf die Butter über der heißen Glut mit den Knoblauchzehen schmelzen, verrühren und mit einer Prise Salz abschmecken.
Cherrytomaten halbieren, Limetten achteln und Basilikum grob hacken. Danach in einer Schüssel zur Seite stellen.
Die Langusten durch einen Stich etwa 2 cm hinter dem Horn töten und der Länge nach halbieren. Mit der Schnittfläche auf den Rost über eine heiße Glut legen und etwa 20 Sekunden garen.
Anschließend wenden und für etwa 2–3 Minuten auf der Schale grillen. Nicht mehr wenden!
An den Rand des Grillrostes ziehen und das Schwanzfleisch mit der flüssigen, heißen Knoblauchbutter großzügig einpinseln. In der reduzierten Temperatur des Grillrandes für 2–3 weitere Minuten ziehen lassen und dann auf eine Platte oder Schale mit der Schnittfläche nach oben legen.
Cherrytomaten, Limettenspalten und Basilikum darauf verteilen und den in der Schüssel zusammengelaufenen Limetten- und Tomatensaft über die Langusten träufeln.
Den intensivsten Geschmack haben Schalentiere, wenn sie *tiède* genossen werden, d.h. etwas über Körpertemperatur des Menschen (lauwarm).
Als einfache Beilage eignen sich Baguette und Salat.

RIESENGARNELEN | KNOBLAUCH | INGWER | CHILI | LIMETTE | KORIANDER

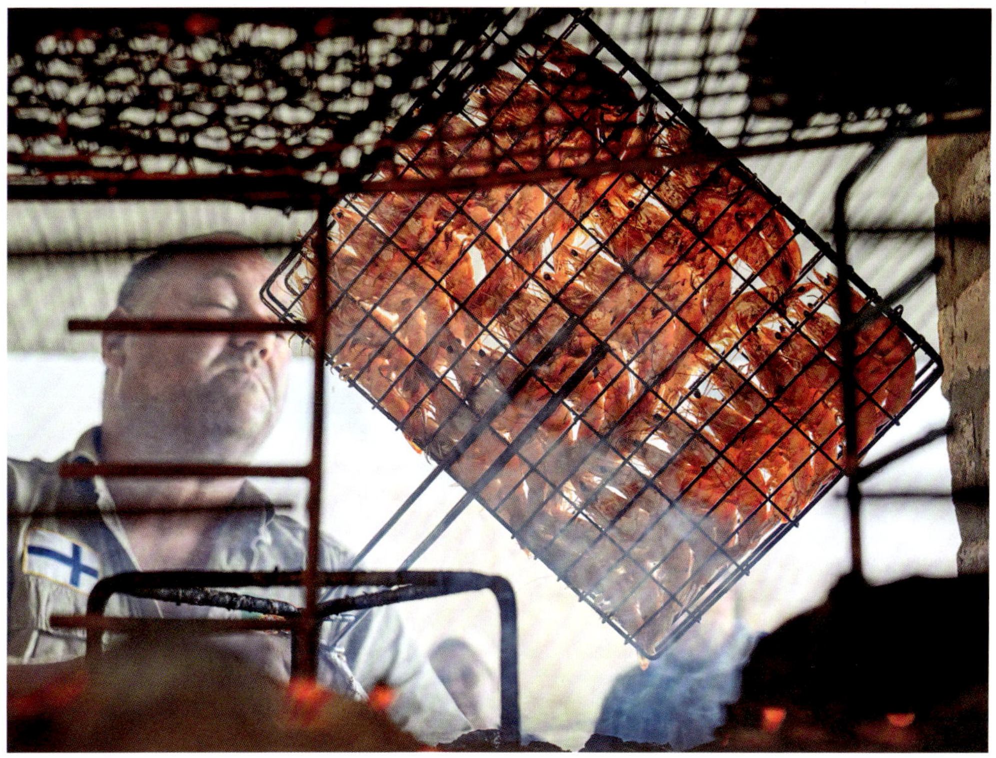

Zutaten

18 Riesengarnelen (8/12er)
12 Thai-Chilis
2 Bund Koriander
6 Limetten
Olivenöl
Fleur de Sel
100 g frischer Ingwer, fein gehackt
200 g frische Knoblauchzehen, fein gehackt

150 g bunte Essblüten zum Garnieren

Zubereitung

Die Thai-Chilis vom Stiel trennen und grob hacken. Koriander komplett mit Stengel und Blättern fein hacken. Die Limetten achteln.

Riesengarnelen in einen Klemmrost einspannen oder lose auf den Rost legen und über heißer Glut etwa 5-6 Minuten garen. Dabei in einem Rhythmus von etwa 60 Sekunden wenden. Die Riesengarnelen sind gar, wenn sich die Schale pink-orange gefärbt hat.

Garnelen vom Grill nehmen und auf eine gewölbte Platte oder Schale mit flachem Rand legen, damit kein Saft heraustropft.

Olivenöl über die Garnelen sprenkeln und großzügig mit Fleur de Sel würzen. Anschließend Ingwer, Knoblauchzehen, Chilis, Limetten und Koriander gleichmäßig über die Garnelen streuen.

Mit den bunten Essblüten garnieren und servieren. Mit den Fingern essen.

KÖNIGSKRABBENBEINE | LIMETTE | OLIVENÖL | KNOBLAUCH

Zutaten

2,5 kg blanchierte Königskrabbenbeine
6 Limetten
200 ml Olivenöl
200 g frische Knoblauchzehen, fein gehackt
Salz
schwarzer Pfeffer aus der Mühle

8 Thai-Chilis zur Dekoration

Zubereitung

Die Königskrabbenbeine der Länge nach halbieren. Die Limetten vierteln.
In einer kleinen Pfanne oder einem Saucentopf das Olivenöl über der heißen Glut mit den Knoblauchzehen langsam erhitzen und mit einer Prise Salz abschmecken, dabei kräftig mit schwarzem Pfeffer würzen.
Das so gewürzte Öl warm halten, nicht sieden lassen.
Königskrabbenbeine mit der Schnittseite über heißer Glut auf den Rost legen und für etwa 30 Sekunden grillen. Anschließend wenden und etwa 4–5 Minuten über der Hitze auf der Schale liegen lassen.
Danach vom Grillrost nehmen und auf einer Platte oder Schale platzieren. Das heiße Olivenöl über das Fleisch in die Krabbenbeine träufeln. Limettenviertel darübergeben und servieren.

OKTOPUS-TENTAKEL | OLIVENÖL | LIMETTE

Zutaten

6 blanchierte Oktopus-Tentakel (15–20 cm Länge)
Saft von 1 Limette
Olivenöl
Fleur de Sel
schwarzer Pfeffer aus der Mühle

Zubereitung

Oktopus-Tentakel über heißer Glut unter ständigem Wenden etwa 2–3 Minuten scharf angrillen, vom Rost nehmen und schräg in etwa 0,5 cm dünne Scheiben schneiden. Auf einer Platte anrichten und gleichmäßig mit Limettensaft sowie großzügig mit Olivenöl beträufeln. Mit Fleur de Sel bestreuen und kräftig mit schwarzem Pfeffer aus der Mühle würzen.

REGENBOGENFORELLEN »PAPILLOTE«

Zutaten

6 Regenbogenforellen-Filets ohne Gräten (à 150–200 g)
8 Stangen Lauch
1 TL rote Pfefferkörner
1 l Gemüsebrühe
100 ml flüssige, süße Sahne
Salz
Pfeffer
1 Bund Dill
6 TL rote Beeren
1 Bund glatte Petersilie, fein gehackt
Chili-Kräutersalz aus der Mühle

6 x Backpapier (38 x 42 cm) und Backschnur

Zubereitung

Lauch waschen, in 1 cm dicke Scheiben schneiden und in eine Pfanne geben. Rote Pfefferkörner beigeben, mit der Gemüsebrühe angießen und gar kochen. Anschließend den Lauch abtropfen und abkühlen lassen.
Sahne steif schlagen.
Lauch auf 6 Backpapiere jeweils in der Mitte verteilen. Die Forellenfilets mit Salz und Pfeffer würzen und auf das Lauchbett legen. Je 1 EL Sahne auf die Filets geben. Auf die Sahne je 1 TL rote Beeren, gezupften Dill und Petersilie geben. Mit dem Chili-Kräutersalz kräftig würzen. Das Backpapier an den vier Ecken hochheben und mit der Backschnur zu einem Säckchen verschnüren. Über heißer Glut oder Flamme 15–20 Minuten garen. Die geschlossenen Papilloten auf Tellern servieren.

BACHFORELLEN SINGAPORE STYLE

Zutaten
6 Bachforellen-Filets mit Haut (à 100–120 g)
helle Sojasauce
2 Stengel Zitronengras
200 g Cherrytomaten
100 g Bambussprossen
1 Gurke, in 1 mm dünne Halbmonde geschnitten
150 g Shiitake-Pilze
100 g frischer Ingwer, grob gehackt
15 Stengel frischer Koriander, grob geschnitten
2 frische Thai-Chilischoten, fein gehackt
100 ml trockener Weißwein
Fischsauce
Austernsauce

6 Aluschalen mit Pappdeckel

Zubereitung
Forellenfilets waschen, trockentupfen, halbieren und roh in je eine Aluschale legen.
Die Filets mit der hellen Sojasauce beträufeln.
Die äußere Haut des Zitronengrases entfernen und jeden Stengel schräg in 6 Spalten schneiden. Cherrytomaten halbieren.
Anschließend die Bambussprossen, Cherrytomaten, Zitronengrasstücke, Gurkenstücke und Shiitake-Pilze darüber verteilen. Ingwer, Koriander und Chili gleichmäßig auf die 6 Aluschalen verteilen.
Weißwein, einen Spritzer Fischsauce und etwa 6 Tropfen Austernsauce darübergeben.
Alubehälter schließen und über der heißen Glut oder Flamme 15 Minuten garen.

GEGRILLTE KAISERMARÄNEN (MUIKKUS)

Zutaten

1 kg frische Kaisermaränen mit oder ohne Kopf
Olivenöl
Blütensalz (The Fifth Quarter)
schwarzer Pfeffer aus der Mühle

Zubereitung

Kaisermaränen in einen kalten Klemmrost spannen, mit Olivenöl bepinseln und mit Blütensalz und Pfeffer würzen. Kaisermaränen über heißer Glut etwa 5 Minuten grillen, bis sich Röstaromen bilden. Dabei mehrfach wenden. Anschließend aus dem Klemmrost nehmen und servieren.

REGENBOGENFORELLEN »BUTTERFLIED«

Zutaten

1 frische, ausgenommene Regenbogenforelle
Olivenöl
Blütensalz (The Fifth Quarter)
schwarzer Pfeffer aus der Mühle

Zubereitung

Regenbogenforelle über die Bauchseite von Kopf bis Schwanz zum »Schmetterling« aufschneiden (*butterflied*). Die aufgeklappte Forelle in einen kalten Klemmrost spannen, mit Olivenöl bepinseln und mit Blütensalz und Pfeffer würzen.
Regenbogenforelle über heißer Glut etwa 8–10 Minuten grillen, bis sich Röstaromen bilden. Dabei mehrfach wenden.
Anschließend aus dem Klemmrost nehmen, servieren und von der Gräte essen.

REGENBOGENFORELLEN-FILETS | WASABI | SOJASAUCE | WACHTELEI | SESAM

Zutaten

1 großes Regenbogenforellen-Filet ohne Haut (600–800 g)
100 ml Sojasauce
1 TL Wasabi aus der Tube
4 Wachteleier, hart gekocht
Sonnenblumen- oder Rapsöl
20 g weiße Sesamkörner

Zubereitung

Die Sojasauce mit Wasabi homogen vermischen und anschließend in eine flache Schale gießen.
Die hart gekochten Wachteleier schälen und hacken.
Das rohe Forellen-Filet von beiden Seiten dünn mit Öl bepinseln und in einen kalten Klemmrost spannen. Anschließend über heißer Glut auf beiden Seiten je 1 Minute grillen.
Das Fischfilet aus dem Klemmrost nehmen, kurz in die vorbereitete Wasabi-Sojasauce legen und wenden.
Das Filet auf eine Platte legen und gleichmäßig mit Sesamkörnern bestreuen. Die gehackten Eier über das Filet verteilen und servieren.

BACHSAIBLING | FORELLE | HECHT | ZANDER | STÖR – GANZER FISCH VOM HOLZBRETT

Zutaten
1 frischer, ganzer, ausgenommener Fisch (1–2 kg)

1 unbehandeltes, 2 cm dickes Holzbrett, 50 cm lang, 20 cm breit
1 Apfel, 1 Zitrone oder 1 Orange als Stütze

Zubereitung
Das Holzbrett mindestens 5 Stunden wässern, am besten über Nacht.
Auf dem Grill oder in einem halbierten, ungebrauchten Ölfass eine heiße Glut erzeugen. Keine offene Flamme.
Von Apfel, Zitrone oder Orange etwa 1 cm dicke Scheiben abschneiden, die auf dem Holzbrett stabilen Halt für den Fisch bieten. Alternativ ist auch ein entsprechend geformter Stein möglich.
Den Fisch mit der geöffneten Bauchseite über die Fruchtscheiben setzen. Sollte der Fisch sehr lang sein, so finden 2 angeschnittene Früchte Verwendung. Der Fisch sitzt mittig zentriert der Länge nach auf dem Brett.
Das Holzbrett mit dem Fisch ebenfalls mittig zentriert auf den Rost setzen und mit einem großen Wok oder der zweiten Hälfte des Fasses abdecken. Beim Smoker oder Gasgrill schließt man den Deckel. Je nach Gewicht und Fischart ist der Fisch nach 15–25 Minuten gar. Die Temperatur im Innenraum der Abdeckung und das über die Poren des Holzes verdunstende Wasser garen den Fisch.
Nach etwa zwei Drittel der Garzeit beginnt das Holzbrett zu schmoren und es entwickelt sich Rauch. Dieser Rauch gart ebenfalls den Fisch. Der Fisch ist dann durchgegart, wenn sich die Rückenflosse ohne Widerstand aus dem Fischrücken ziehen lässt.
Fängt die Unterseite des Holzbrettes Feuer, so ist das ebenfalls ein Zeichen für das Ende der Garzeit. Sollte weiter gegart werden müssen, so kann man die Flammen mit Wasser ablöschen und die Abdeckung wieder schließen.
Nach Beendigung der Garzeit hat die Haut eine ledrige Konsistenz und ist dunkelbraun bis goldbraun verfärbt.
Das Holzbrett mit Fisch mit zwei Hebern vom Feuer nehmen und auf einen feuerfesten Untersatz stellen.
Auf der Tischmitte servieren. Dazu die Haut des Fisches von der Kopf- zur Schwanzseite abziehen und den saftigen Fisch ungewürzt mit der Gabel direkt von der Gräte essen.

GANZER HECHT IN ALUFOLIE

Zutaten

1 frischer, ganzer, ausgenommener Hecht (2–5 kg)
200–300 g Butter
1–2 Bund Dill
300–500 ml trockener Weißwein
Salz

Zubereitung

Eine stabile, mindestens 60 cm breite Alufolie so ausrollen, dass diese auf jeder Seite 20 cm länger ist als der Fisch selbst. Je nach Stärke kann die Alufolie auch doppelt gelegt werden.
Den Hecht mittig zentriert auf der Seite auf die Alufolie legen und über die Länge des Fisches verteilt 3-4 Butterflocken zwischen Hechtseite und Folie geben, sodass der Hecht auf den Butterflocken liegt.
Je nach Größe den Bauch des Hechtes mit 3–6 Butterflocken füllen und Dillzweige in die Bauchhöhle legen.
Die beiden Enden der Alufolie zusammenraffen und die gesamte Alufolie zu einer Schale formen. Durch das Zusammenraffen der beiden Enden formt sich eine Schale aus Aluminiumfolie um den Hecht.
Den Wein in der Schale angießen und den Fisch leicht salzen.
Anschließend die Folie über der Oberseite des Fisches fest zusammenfalten, sodass beim Wenden keine bis sehr wenig Flüssigkeit entweichen kann.

Das »Paket« mit einem Abstand von 50 cm über der heißen Glut platzieren und je nach Größe des Fisches 45–60 Minuten garen. Während des Garens die dicke Seite des Fisches, also den Fischrücken, immer der heißesten Seite der Glut zuwenden. Während der Garzeit etwa alle 10 Minuten wenden.
In der Folie auf einer länglichen Platte servieren. Die Folie am Tisch vorsichtig mit scharfem Messer von oben öffnen, die Haut abheben und das saftig-feste Fleisch mit Gabeln direkt von der Mittelgräte essen. Im vorderen Rückenbereich hat der Hecht Ypsilon-förmige Gräten, die man leicht entfernen kann.

RAUCHAAL-CROSTINIS

Zutaten
Ciabatta-Brot (oder Baguette)
500 g Räucheraal-Filets
Olivenöl
Fleur de Sel
rosa Beeren

Zubereitung
Ciabatta in 1–2 cm dicke Scheiben schneiden und auf beiden Seiten über heißer Glut knusprig braun anrösten. Vom Rost nehmen und abkühlen lassen.
Räucheraal-Filets in einen kalten Klemmrost einspannen und jede Seite etwa 1 Minute scharf über heißer Glut grillen.
Ciabatta-Crostinis gleichmäßig mit Olivenöl beträufeln und mit Fleur de Sel würzen.
Räucheraal-Filets auf Crostinigröße zuschneiden und das Brot damit belegen. Mit rosa Beeren bestreuen und heiß servieren.

LACHSFILET VOM HOLZBRETT

Zutaten

1 Lachsfilet mit Haut (etwa 1 kg)
1 unbehandeltes, 2 cm dickes Holzbrett, 50 cm lang, 20 cm breit
Salz

Zubereitung

Das Holzbrett mindestens 5 Stunden wässern, am besten über Nacht. Auf dem Grill oder in einem halbierten, ungebrauchten Ölfass eine heiße Glut erzeugen. Keine offene Flamme.
Das Lachsfilet mit der Hautseite nach unten mittig auf das Holzbrett legen. Das Holzbrett mit dem Lachsfilet ebenfalls mittig zentriert auf den Rost setzen und mit einem großen Wok oder der zweiten Hälfte des Fasses abdecken. Beim Smoker oder Gasgrill schließt man den Deckel.
Nach etwa 15 Minuten ist das Lachsfilet gegart. Die Temperatur im Innenraum der Abdeckung und das über die Poren des Holzes verdunstende Wasser garen das Fischfilet.
Nach etwa zwei Drittel der Garzeit beginnt das Holzbrett zu schmoren und es entwickelt sich Rauch. Dieser Rauch gart ebenfalls das Fischfilet.
Fängt die Unterseite des Holzbrettes Feuer, so ist das ebenfalls ein Zeichen für das Ende der Garzeit.
Sollte weiter gegart werden müssen, so kann man die Flammen mit Wasser ablöschen und die Abdeckung wieder schließen.
Das Holzbrett mit Fischfilet mit zwei Hebern vom Feuer nehmen, auf einen feuerfesten Untersatz stellen und auf der Tischmitte servieren. Das saftige Lachsfilet leicht salzen und mit der Gabel direkt von der Haut essen.

THUNFISCH | SESAM | WACHTELEI

Zutaten

600 g Thunfisch-Filet
100 g helle Sesamkörner
100 g schwarze Sesamkörner
12 Wachteleier, hart gekocht
200 ml helle Sojasauce (Kikkoman)
1 EL Wasabi-Paste
Olivenöl

Zubereitung

Sesamkörner miteinander vermischen.
Wachteleier schälen und halbieren.
Sojasauce mit 1 EL Wasabi-Paste verquirlen.
Thunfisch in etwa 2 cm dicke Steaks schneiden, mit Olivenöl bepinseln und über heißer Glut etwa 10–15 Sekunden auf jeder Seite scharf angrillen.
Anschließend vom Rost nehmen und in Würfel mit etwa 2 cm Kantenlänge schneiden. Thunfischwürfel in Soja-Wasabi-Sauce tränken und anschließend in den Sesamkörnern wälzen, sodass die Würfel vollständig ummantelt sind.
Thunfischwürfel mit einem halben Wachtelei mit der Schnittfläche nach oben garnieren und auf einer Platte als Fingerfood servieren. Wachtelei gegebenenfalls mit einem Zahnstocher fixieren.

STEINBUTT | SEEZUNGE – GANZER FISCH

Zutaten

1 frischer, ausgenommener Steinbutt oder Seezunge (etwa 800–1000 g)
Olivenöl
Blütensalz (The Fifth Quarter)
schwarzer Pfeffer aus der Mühle

Zubereitung

Steinbutt oder Seezunge in einen kalten Klemmrost spannen, von beiden Seiten mit Olivenöl bepinseln und mit Blütensalz und Pfeffer würzen.
Fisch über heißer Glut für etwa 10–12 Minuten grillen, bis sich Röstaromen bilden. Dabei mehrfach wenden. Anschließend aus dem Klemmrost nehmen, servieren und mit der Haut von der Gräte essen.
Um den Fisch aus dem Klemmrost zu entfernen, öffnet man den Klemmrost mit der hellen, unteren Hautseite nach oben. Auf die untere Hautseite legt man ein Brett oder eine flache Schale, die größer ist als der Fisch. Anschließend hält man den Klemmrost mit dem Brett/der Schale geschlossen und wendet diesen um 180 Grad, sodass nun die obere, braune Seite des Fisches nach oben zeigt. Man öffnet den Klemmrost und entnimmt das Brett/die Schale mit dem darauf liegenden Fisch.

ADLERFISCH (CORVINA) VOM HOLZBRETT

Zutaten

1 frischer, ganzer, ausgenommener Adlerfisch oder Steinbeißer (etwa 2 kg)
1 unbehandeltes, 2 cm dickes Holzbrett, 50 cm lang, 20 cm breit
2 Äpfel oder 2 Orangen als Stütze

Zubereitung

Das Holzbrett mindestens 5 Stunden wässern, am besten über Nacht. Auf dem Grill oder in einem halbierten, ungebrauchten Ölfass eine heiße Glut erzeugen. Keine offene Flamme.
Von den Äpfeln oder Orangen 1 cm dicke Scheiben gerade abschneiden. Sie dienen als Stütze für den Fisch. Alternativ ist auch ein entsprechend geformter Stein möglich.
Den Fisch mit der geöffneten Bauchseite über die Fruchtscheiben setzen. Der Fisch sitzt mittig zentriert der Länge nach auf dem Brett.
Das Holzbrett mit dem Fisch ebenfalls mittig zentriert auf den Rost setzen und mit der zweiten Hälfte des Fasses abdecken. Beim Smoker oder Gasgrill schließt man den Deckel.
Den Fisch für 30–40 Minuten garen. Die Temperatur im Innenraum der Abdeckung und das über die Poren des Holzes verdunstende Wasser gart den Fisch. Nach etwa zwei Drittel der Garzeit beginnt das Holzbrett zu schmoren und es entwickelt sich Rauch. Dieser Rauch gart ebenfalls den Fisch.
Der Fisch ist dann durchgegart, wenn sich die Rückenflosse ohne Widerstand aus dem Fischrücken ziehen lässt.
Fängt die Unterseite des Holzbrettes Feuer, so ist das ebenfalls ein Zeichen für das Ende der Garzeit.
Sollte weiter gegart werden müssen, so kann man die Flammen mit Wasser ablöschen und die Abdeckung wieder schließen.
Nach Beendigung der Garzeit hat die schuppige Haut eine ledrige Konsistenz und ist dunkelbraun bis goldbraun verfärbt.
Das Holzbrett mit Fisch mit zwei Hebern vom Feuer nehmen und auf einen feuerfesten Untersatz stellen. Auf der Tischmitte servieren. Dazu die Haut des Fisches von der Kopf- zur Schwanzseite abziehen und den saftigen Fisch ungewürzt mit der Gabel direkt von der Gräte essen.

LACHS VOM HOLZBRETT

Zutaten

1 frischer, ganzer, ausgenommener Lachs (etwa 3 kg)
1 unbehandeltes, 2 cm dickes Holzbrett, 50 cm lang, 20 cm breit
2 Äpfel oder 2 Orangen als Stütze

Zubereitung

Das Holzbrett mindestens 5 Stunden wässern. Am besten über Nacht. Auf dem Grill oder in einem halbierten, ungebrauchten Ölfass eine heiße Glut erzeugen. Keine offene Flamme.
Von den Äpfeln oder Orangen 1 cm dicke Scheiben gerade abschneiden, damit die Fruchtkörper auf dem Holzbrett stabilen Halt für den Fisch gewährleisten.
Den Lachs mit der geöffneten Bauchseite auf die Fruchtscheiben setzen. Der Fisch sitzt mittig zentriert der Länge nach auf dem Brett.
Das Holzbrett mit dem Lachs ebenfalls mittig zentriert auf den Rost setzen und mit der zweiten Hälfte des Fasses abdecken. Beim Smoker oder auch Gasgrill schließt man den Deckel.
Der Fisch ist nach etwa 50 Minuten gegart. Die Temperatur im Innenraum der Abdeckung und das über die Poren des Holzes verdunstende Wasser garen den Fisch. Nach etwa zwei Drittel der Garzeit beginnt das Holzbrett zu schmoren und es entwickelt sich Rauch. Dieser Rauch gart ebenfalls den Fisch. Der Fisch ist dann durchgegart, wenn sich die Rückenflosse ohne Widerstand aus dem Fischrücken ziehen lässt.
Fängt die Unterseite des Holzbrettes Feuer, so ist das ebenfalls ein Zeichen für das Ende der Garzeit. Sollte weiter gegart werden müssen, so kann man die Flammen mit Wasser ablöschen und die Abdeckung wieder schließen. Nach Beendigung der Garzeit hat die Lachshaut eine ledrige Konsistenz und ist dunkelbraun bis goldbraun verfärbt.
Das Holzbrett mit dem Lachs mit zwei Hebern vom Feuer nehmen und auf einen feuerfesten Untersatz stellen. Auf der Tischmitte servieren. Dazu die Haut des Fisches von der Kopf- zur Schwanzseite abziehen und das saftige Lachsfleisch ungewürzt mit der Gabel direkt von der Gräte essen.

SARDINEN

Zutaten

18 frische, ausgenommene Sardinen
Olivenöl
Fleur de Sel
schwarzer Pfeffer aus der Mühle

Zubereitung

Sardinen in einen kalten Klemmrost spannen, von beiden Seiten mit Olivenöl bepinseln und mit Fleur de Sel und Pfeffer würzen.
Sardinen über heißer Glut etwa 8–10 Minuten grillen, bis sich Röstaromen bilden und die Haut eine goldbraune Farbe annimmt. Dabei mehrfach wenden.
Anschließend aus dem Klemmrost nehmen, servieren und von der Gräte essen.

ROTE MEERBARBEN

Zutaten

6 frische, ausgenommene rote Meerbarben
Olivenöl
Fleur de Sel
schwarzer Pfeffer aus der Mühle

Zubereitung

Meerbarben von beiden Seiten mit jeweils einem flachen Schnitt einschlitzen und in einen kalten Klemmrost spannen.
Von beiden Seiten mit Olivenöl bepinseln und mit Fleur de Sel und Pfeffer würzen.
Meerbarben über heißer Glut etwa 10–12 Minuten grillen, bis sich Röstaromen bilden, die Haut eine goldbraune Farbe annimmt und die Schuppen leicht zu verkohlen beginnen. Dabei mehrfach wenden.
Anschließend aus dem Klemmrost nehmen, servieren und von der Gräte essen.

MAKRELEN

Zutaten
6 frische, ausgenommene Makrelen
Olivenöl
Salz
schwarzer Pfeffer aus der Mühle

Zubereitung
Makrelen in einen kalten Klemmrost spannen, von beiden Seiten mit Olivenöl bepinseln und mit Salz und Pfeffer würzen.
Makrelen über heißer Glut etwa 10–12 Minuten grillen, bis sich Röstaromen bilden und die Haut eine goldbraune Farbe annimmt. Dabei mehrfach wenden.
Anschließend aus dem Klemmrost nehmen, servieren und mit der Haut von der Gräte essen.

DEGENFISCH

Zutaten

1 frischer, ganzer, ausgenommener Degenfisch (etwa 2 kg)
Olivenöl
Blütensalz (The Fifth Quarter)
schwarzer Pfeffer aus der Mühle
rote Chilis zum Garnieren

Zubereitung

Den Fischkopf abschneiden und den Degenfisch in 6 rautenförmige Stücke schneiden.
Stücke und Kopf in einen kalten Klemmrost spannen, von beiden Seiten mit Olivenöl bepinseln und mit Blütensalz und Pfeffer würzen.
Degenfischstücke über heißer Glut etwa 10–12 Minuten grillen, bis sich Röstaromen bilden und sich die schwarze Haut vom weißen Fleisch löst. Dabei mehrfach wenden.
Anschließend aus dem Klemmrost nehmen, mit roten Chilis garniert servieren und mit der Haut von der Gräte essen.

DORADEN | CHAKALAKA | TUMERIC | ROSMARIN

Zutaten

3 frische, ausgenommene Rosé-Doraden (à 400 g)
2 unbehandelte Orangen
6 Stengel Basilikum
Olivenöl
Tumeric (Kurkuma)
Chakalaka-Gewürzmischung (The Fifth Quarter)
3 Zweige Rosmarin
Salz

Zubereitung

Orangen waschen, halbieren und in 18 dünne Scheiben schneiden. Basilikumblätter von den Stengeln zupfen. Doraden von beiden Seiten mit jeweils 3 flachen Schnitten einschlitzen und in einen kalten Klemmrost spannen. Von beiden Seiten mit Olivenöl bepinseln und mit Tumeric, Chakalaka und Salz würzen.
Die Orangenscheiben in die Schlitze drücken und die Rosmarinzweige durch das Maul tief in den Fischbauch schieben.
Doraden über heißer Glut etwa 15 Minuten grillen, bis sich Röstaromen bilden und die Haut eine goldbraune Farbe annimmt. Dabei mehrfach wenden.
Anschließend aus dem Klemmrost nehmen, auf einem Bett aus Basilikumblättern servieren und von der Gräte essen.

KINGKLIP-FILET

Zutaten

1 Kingklip-Filet (etwa 1 kg)
Olivenöl
Salz
schwarzer Pfeffer aus der Mühle
1 Bund frischer Majoran, in Blätter gezupft, zum Garnieren

Zubereitung

Kingklip-Filet in einen kalten Klemmrost spannen, von beiden Seiten mit Olivenöl bepinseln und mit Salz und Pfeffer würzen.
Fisch über heißer Glut etwa 8–10 Minuten grillen, bis sich Röstaromen bilden und die Haut eine goldbraune Farbe annimmt. Dabei mehrfach wenden.
Anschließend aus dem Klemmrost nehmen, mit Majoranblättern bestreuen, servieren und von der Gräte essen.
Um das Fischfilet aus dem Klemmrost zu entfernen, öffnet man den Klemmrost mit der Hautseite nach oben. Auf die Hautseite legt man ein Brett oder eine flache Schale, die größer ist als das Filet. Anschließend hält man den Klemmrost mit dem Brett/der Schale geschlossen und wendet diesen um 180 Grad, sodass nun die Fleischseite nach oben zeigt. Man öffnet den Klemmrost und entnimmt das Brett/die Schale mit dem darauf liegenden Filet.

BLAUMAUL »BUTTERFLIED«

Zutaten

1 frisches, ganzes, ausgenommenes Blaumaul (etwa 800 g)
Olivenöl
Salz
schwarzer Pfeffer aus der Mühle

Zubereitung

Blaumaul über die Bauchseite von Kopf bis Schwanz zum »Schmetterling« aufschneiden *(butterflied)*.
Den aufgeklappten Fisch in einen kalten Klemmrost spannen, von beiden Seiten mit Olivenöl bepinseln und mit Salz und Pfeffer würzen.
Fisch über heißer Glut etwa 8–10 Minuten grillen, bis sich Röstaromen bilden und die Schuppen zu verkohlen beginnen. Dabei mehrfach wenden.
Anschließend aus dem Klemmrost nehmen, servieren und von der Gräte essen.
In Portugal isst man dazu Salat und in Olivenöl gebratene Pellkartoffeln.

RED SNAPPER »BUTTERFLIED«

Zutaten
1 frischer, ganzer, ausgenommener Red Snapper (etwa 1 kg)
Olivenöl
Salz
schwarzer Pfeffer aus der Mühle

Zubereitung
Red Snapper über die Bauchseite von Kopf bis Schwanz zum »Schmetterling« aufschneiden *(butterflied)*.
Den aufgeklappten Fisch in einen kalten Klemmrost spannen, von beiden Seiten mit Olivenöl bepinseln und mit Salz und Pfeffer würzen.
Fisch über heißer Glut etwa 10 Minuten grillen, bis sich Röstaromen bilden und die Schuppen eine goldbraune Farbe annehmen. Dabei mehrfach wenden. Anschließend aus dem Klemmrost nehmen, servieren und von der Gräte essen.
Um den Fisch aus dem Klemmrost zu entfernen, öffnet man den Klemmrost mit der Hautseite nach oben. Auf die Hautseite legt man ein Brett oder eine flache Schale, die größer ist als der Fisch. Anschließend hält man den Klemmrost mit dem Brett/der Schale geschlossen und wendet diesen um 180 Grad, sodass nun die Fleischseite nach oben zeigt. Man öffnet den Klemmrost und entnimmt das Brett/die Schale mit dem darauf liegenden Fisch.

YELLOWTAIL (GELBSCHWANZMAKRELE) »BUTTERFLIED«

Zutaten

1 frischer, ganzer, ausgenommener Yellowtail (etwa 1,5 kg)
Olivenöl
Salz
schwarzer Pfeffer aus der Mühle

Zubereitung

Yellowtail über die Bauchseite von Kopf bis Schwanz zum »Schmetterling« aufschneiden *(butterflied)*.
Den aufgeklappten Fisch in einen kalten Klemmrost spannen, von beiden Seiten mit Olivenöl bepinseln und mit Salz und Pfeffer würzen.
Fisch über heißer Glut etwa 15 Minuten grillen, bis sich Röstaromen bilden und die Haut eine goldbraune Farbe annimmt. Dabei mehrfach wenden.
Anschließend aus dem Klemmrost nehmen, servieren und von der Gräte essen.

CAPE-MALAY-SNOEK (HECHT-MAKRELE | APRIKOSENMARME-LADE | KNOBLAUCH

Zutaten

1 ausgenommener, aufgeschnittener Snoek (Hechtmakrele) ohne Kopf (etwa 1,5 kg)
250 g Butter
200 g Aprikosenmarmelade
100 g Knoblauchzehen, fein gehackt
Olivenöl
Salz
schwarzer Pfeffer aus der Mühle

Zubereitung

In einer kleinen Eisenpfanne Butter, Aprikosenmarmelade und Knoblauch schmelzen und glatt rühren.
Den aufgeklappten Snoek in einen kalten Klemmrost spannen, von beiden Seiten mit Olivenöl bepinseln und mit Salz und Pfeffer würzen.
Die Fleischseite gleichmäßig mit Aprikosen-Knoblauchbutter bestreichen.
Fisch über heißer Glut etwa 10–12 Minuten grillen, bis sich Röstaromen bilden, die Aprikosenbutter karamellisiert und die Haut eine goldbraune Farbe annimmt. Dabei mehrfach wenden.
Anschließend aus dem Klemmrost nehmen, servieren und von der Gräte essen.
Traditionell bringt man den geöffneten Klemmrost auf einer ausgeklappten Zeitung auf den Tisch und isst das feste Fleisch mit den Fingern.

FISCHROGEN VOM CORVINA (ADLERFISCH)

Zutaten

600 g frischer Fischrogen im Rogensack
2 rote Zwiebeln
1 Bund glatte Petersilie
Olivenöl
Salz
schwarzer Pfeffer aus der Mühle

Zubereitung

Zwiebeln schälen und grob würfeln. Petersilienblätter von den Stengeln zupfen und grob hacken.
Fischrogen-Säcke in einen kalten Klemmrost spannen, von allen Seiten mit Olivenöl bepinseln und mit Salz und Pfeffer würzen.
Rogen über heißer Glut etwa 8–10 Minuten grillen, bis sich Röstaromen bilden und die Haut eine goldbraune Farbe annimmt. Dabei mehrfach wenden.
Anschließend aus dem Klemmrost nehmen und in etwa 2 cm dicke Scheiben schneiden. Zwiebeln und Petersilie unter die Rogenscheiben heben und alles mit Olivenöl besprenkeln.
Anschließend nochmals mit Salz und Pfeffer abschmecken und heiß servieren.
Diese Zubereitung kann man auch sehr gut kalt aus dem Kühlschrank essen.

SEETEUFEL-LEBER

Zutaten
600 g frische Seeteufel-Leber
Olivenöl
schwarzer Pfeffer aus der Mühle
Blütensalz (The Fifth Quarter)

Zubereitung
Seeteufel-Leber in einen kalten Klemmrost spannen, von allen Seiten mit Olivenöl bepinseln und mit Pfeffer würzen. Seeteufel-Leber über heißer Glut etwa 8–10 Minuten grillen, bis sich Röstaromen bilden und die Leber eine goldbraune Farbe annimmt. Die Seeteufel-Leber sieht dann aus wie gebratene Kalbsleber. Dabei mehrfach wenden. Anschließend aus dem Klemmrost nehmen und in etwa 1 cm dicke Scheiben schneiden. Mit Olivenöl besprenkeln und mit Blütensalz und nochmals schwarzem Pfeffer würzen.
Diese Zubereitung kann man auch sehr gut kalt aus dem Kühlschrank essen.

HÜHNERHERZEN AM SPIESS | KREUZKÜMMEL | CHILI

Zutaten
30 frische Hühnerherzen
Olivenöl
30 g Kreuzkümmel
10 g gemahlener Cayennepfeffer
Salz

Zubereitung
Hühnerherzen waschen, abtropfen lassen und mit Küchenpapier abtrocknen. Je 5 Hühnerherzen gleichmäßig auf sechs etwa 20 cm lange Metallspieße aufziehen. Hühnerherzen dünn mit Olivenöl einpinseln und über heißer Glut (oder auf dem Feuerring) für 45–60 Sekunden scharf anbraten. Dabei alle 10 Sekunden wenden. Anschließend mit Kreuzkümmel und Cayennepfeffer würzen und bei indirekter Hitze etwa 5 Minuten fertig garen. Mit Salz abschmecken und servieren.

TAUBEN VOM SPIESS

Zutaten

6 frische, ausgenommene Tauben
(alternativ 12 frische, ausgenommene Wachteln)
Olivenöl
Salz
schwarzer Pfeffer aus der Mühle

Zubereitung

Die Glut so vorbereiten, dass sie breiter ist als die Länge der aufgespießten Tauben (oder Wachteln), um eine gleichmäßige Temperaturverteilung zu gewährleisten.
Die Tauben (oder Wachteln) auf einen Spieß oder Stock spießen, mit Olivenöl bepinseln und mit Salz und Pfeffer würzen. Den Spieß so positionieren, dass er mit einem Abstand von etwa 50 cm über der heißen Glut gedreht werden kann.
Die Tauben etwa 30–40 Minuten (Wachteln etwa 20–30 Minuten) über der heißen Glut drehen, bis diese knusprig und goldbraun sind.
Spieß von der Glut nehmen, Tauben/Wachteln abziehen, auf eine Platte legen und im Ganzen servieren.
Alternativ können die Tauben vor dem Servieren halbiert werden.

WILDENTEN VOM SPIESS

Zutaten

3 frische, ausgenommene Wildenten
Olivenöl
Salz
schwarzer Pfeffer aus der Mühle

Zubereitung

Die Glut so vorbereiten, dass sie breiter ist als die Länge der aufgespießten Wildenten, um eine gleichmäßige Temperaturverteilung zu gewährleisten.
Die Wildenten auf einen Spieß oder Stock spießen, mit Olivenöl bepinseln und mit Salz und Pfeffer würzen. Den Spieß so positionieren, dass er mit einem Abstand von etwa 50 cm über der heißen Glut gedreht werden kann.
Die Wildenten etwa 45–50 Minuten über der heißen Glut drehen, bis diese knusprig und goldbraun sind. Spieß von der Glut nehmen und die Wildenten abziehen und vierteln.
Auf eine Platte legen und servieren.
Alternativ können die Wildenten auch halbiert serviert werden.

FOIE GRAS | GRANATAPFELKERNE

Zutaten

6 Scheiben gefrorene Gänse- oder Entenstopfleber (à 130–140 g)
1 reifer Granatapfel
Fleur de Sel

Zubereitung

Den Granatapfel öffnen, die Kerne herauslösen, von den Schalen befreien und in eine kleine Schale geben.
Die gefrorenen Stopfleberscheiben auf den Grillrost über heiße Glut legen und jede Seite zweimal für etwa 20 Sekunden grillen. Zum vorsichtigen Wenden einen Spachtel verwenden. Bei jedem Wenden zwischen horizontaler und vertikaler Ausrichtung zum Grillrost wechseln.
Die Stopflebern sind fertig gegart, wenn die Oberfläche eine gold- bis dunkelbraune Färbung hat.
Anschließend mit dem Spachtel vom Rost nehmen und auf eine Platte legen, großzügig mit Fleur de Sel bestreuen und die Granatapfelkerne darübergeben.

PFEFFER-HUHN FLÜGEL & KEULE

Zutaten
12 frische Hühnerkeulen
12 frische Hühnerflügel
500 ml süße Chilisauce
Salz
schwarzer Pfeffer aus der Mühle
200 g bunte Pfeffermischung

Zubereitung
Hühnerkeulen, Hühnerflügel und Chilisauce in einer Schüssel vermengen, mit Salz und schwarzem Pfeffer abschmecken und über Nacht abgedeckt im Kühlschrank marinieren lassen.
Hühnerkeulen und Hühnerflügel in einen Klemmrost spannen, gleichmäßig mit der bunten Pfeffermischung bestreuen und mit einem Abstand von etwa 50 cm über der heißen Glut unter regelmäßigem Wenden für etwa 45 Minuten garen.
Nach etwa 30 Minuten den Abstand zur heißen Glut verringern und häufiger wenden, sodass Keulen und Flügel eine goldbraune Färbung annehmen und die Marinade karamellisiert.
Anschließend Keulen und Flügel aus dem Klemmrost nehmen und in einer Holzschale oder auf einer Platte servieren.

CHICKEN-WINGS-SPIESSE

Zutaten

18 große, frische Hühnerflügel
Olivenöl
Blütensalz (The Fifth Quarter)
schwarzer Pfeffer aus der Mühle
18 Holzspieße mit einer Länge von etwa 20–25 cm

Zubereitung

Holzspieße 3 Stunden wässern.
Hühnerflügel aufgespannt und lang gezogen auf die Holzspieße ziehen, sodass der dickere Muskelteil des Flügels nach oben zur Spießspitze zeigt. Die Spießspitze befindet sich im Hühnerfleisch.
Hühnerflügel mit Olivenöl bepinseln und kräftig mit Blütensalz und Pfeffer würzen.
Hühnerspieße für etwa 15–20 Minuten über heißer Glut unter regelmäßigem Wenden knusprig und goldbraun braten.
Anschließend auf einer Platte oder in einer runden Schale kreisförmig anrichten.

ENTENBRUST MIT GRÜNER-PFEFFER-SAUCE

Zutaten

3 Entenbrüste mit Fettseite von männlichen Enten
100 g grüne Pfefferkörner in der Lake
200 ml Weinbrand zum Flambieren
200 g Crème fraîche
schwarzer Pfeffer aus der Mühle
Salz

Zubereitung

Grüne Pfefferkörner von der Lake abtropfen lassen und in eine sehr heiße Eisenpfanne oder einen Wok über der Glut oder offenen Flamme geben und für etwa 30 Sekunden unter Rühren oder Schwenken rösten.

Weinbrand in die heiße Pfanne geben, sodass dieser sich entzündet und die Pfefferkörner flambiert. Dadurch wird Pfefferaroma und Schärfe in die brennende Flüssigkeit extrahiert. Nachdem der Alkohol verbrannt ist, erlischt die Flamme.

Anschließend die Pfanne/den Wok von der Glut nehmen und die Crème fraîche homogen einrühren, mit Salz abschmecken und zur Seite stellen.

Die Entenbrüste längs halbieren und in die Hälften eine Tasche schneiden. Dazu etwa 4 cm unterhalb des oberen Endes der Entenbrusthälfte mit dem Messer einstechen, aber nicht durch das Fleisch hindurchstechen. Den Schnitt vorsichtig bis etwa 4 cm kurz vor das untere Ende der Entenbrusthälfte führen.

Jede Entenbrusthälfte mit dem Handballen glatt streichen und so die Fettschicht nach außen drücken. Die Entenbrusthälfte wird dadurch etwa 2 cm flach mit einem rotfleischigen ovalen Auge, eingefasst von einem Fettrand.

So geschnitten, kann man die Entenbrusthälften wie Minutensteaks zubereiten. Dazu werden die Entenbrusthälften auf den Grillrost direkt über die heiße Glut gelegt und unter Wenden für etwa 3–5 Minuten gegrillt, bis der Fettrand eine knusprige Konsistenz und eine goldbraune Farbe annimmt. Dabei können Flammen provoziert werden, um das Fett schneller zu schmelzen *(flame grilled)*. Das Fleisch ist nach dieser kurzen, sehr heißen Garzeit noch rosa.

Anschließend die Entenbrüste quer in etwa 1 cm dünne Stücke schneiden und kräftig mit Salz und Pfeffer würzen. Die Pfeffersauce über die Entenbruststücke geben und servieren.

LARDO-CROSTINI MIT TRÜFFEL
Rezept von Jonas Schäfer, Valea Verde in Transsilvanien

Zutaten
150 g Lardo (weißer italienischer Schweinespeck)
12 Scheiben Ciabatta-Brot (oder Baguette), 1–2 cm dick
Trüffelöl
Fleur de Sel
schwarzer Pfeffer aus der Mühle
80–100 g frische schwarze Trüffel

Zubereitung
Lardo hauchdünn und etwas größer als die Ciabatta-Scheiben schneiden.
Ciabatta-Scheiben auf beiden Seiten über heißer Glut knusprig braun rösten. Vom Rost nehmen und abkühlen lassen.
Gleichmäßig mit Trüffelöl beträufeln und mit Fleur de Sel würzen.
Crostinis mit je zwei Lardo-Scheiben belegen.
Mit Pfeffer würzen und großzügig schwarze Trüffel darüberhobeln und servieren.

ASADO VOM MILCHSPANFERKEL

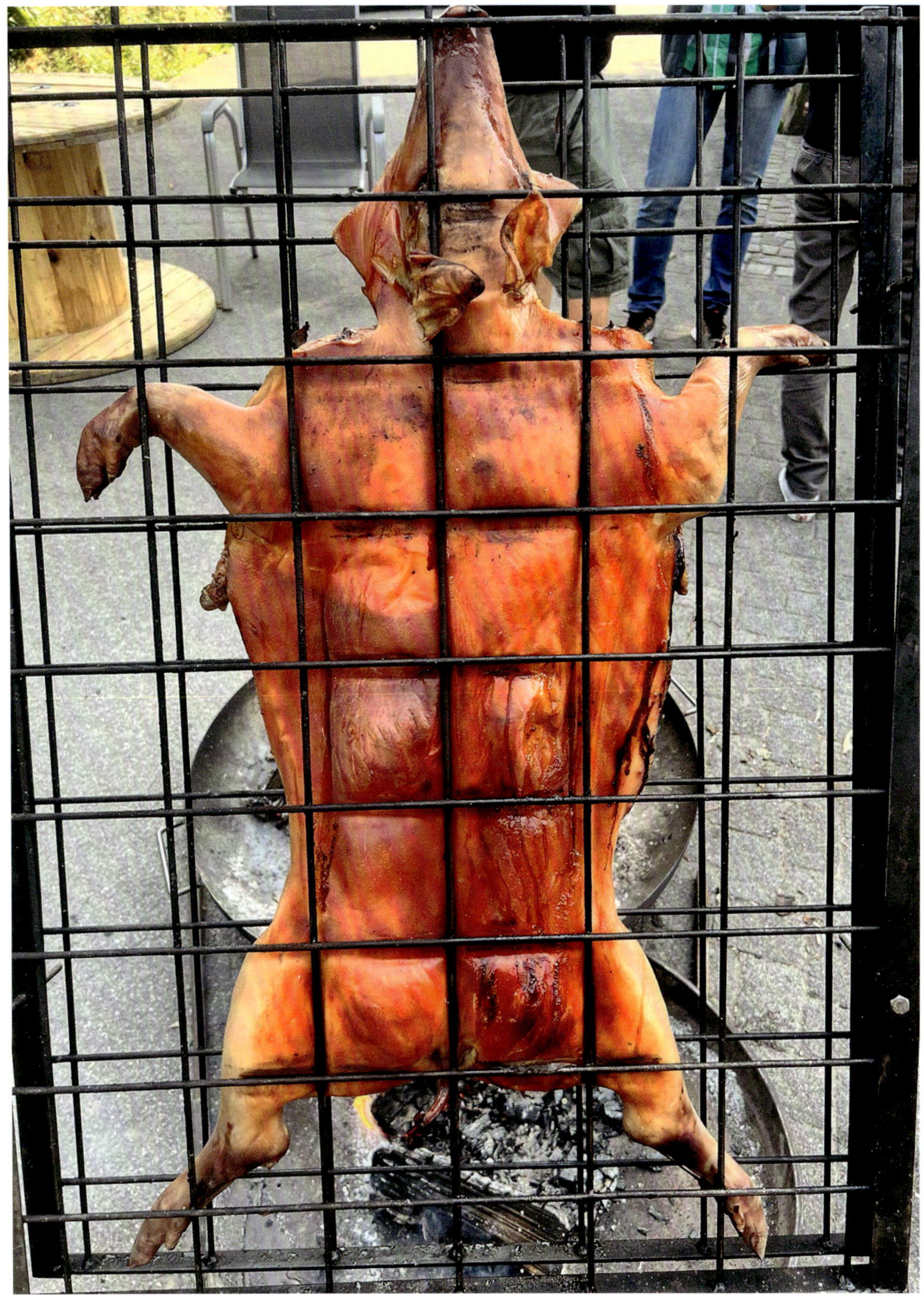

Zutaten

Milchspanferkel (6–8 kg)
300 g Knoblauch, fein gehackt
1 l Olivenöl
Salz
schwarzer Pfeffer aus der Mühle

Zubereitung

Knoblauch und Olivenöl in einer Schüssel vermischen und mit Salz und Pfeffer abschmecken.
Milchspanferkel längs zur Wirbelsäule über Kopf und Brustkorb aufschneiden, der Kopf wird gespalten, aber nicht halbiert. Die Wirbelsäule wird nicht zertrennt. Der Brustkorb mit den Vorderkeulen wird über die Schulter aufgeklappt. Dazu wird das Brustbein durchtrennt und die Brustknochen am Wirbelsäulenansatz beidseitig mit einem Beil so angeschlagen, dass sie von der Wirbelsäule getrennt sind, aber noch von Fleisch und Haut gehalten werden. Die Hinterkeulen werden durch einen Beilschlag in die Hüftgelenke rechts und links der Wirbelsäule über die Hüfte aufgebrochen und gespreizt.
Anschließend wird das Milchspanferkel mit Draht im Asado-Grillkreuz an Fußgelenken, Hals und Wirbelsäule fixiert oder in einem Asado-Klemmgitter eingespannt und mit Oliven-Knoblauch-Öl eingepinselt.
Asado-Grillkreuz oder Asado-Klemmgitter werden in einem Winkel von etwa 70 Grad an einer kräftigen Glut angestellt und regelmäßig um die eigene Achse gedreht, bis die Haut eine leicht bräunliche Färbung annimmt. Der durchschnittliche Abstand aller Milchspanferkelteile zur Glut und Hitzesäule sollte etwa 50 cm betragen, das Spanferkel wird langsam gegart.
Im Laufe der etwa 3-stündigen Gesamtgarzeit werden Asado-Kreuz und Asado-Klemmgitter auch über die horizontale Achse gewendet, sodass das Milchspanferkel gleichmäßig von allen Seiten Temperatur annehmen kann.
Mit abnehmender Temperatur wird der Anstellwinkel der Achse über der Glut verringert, sodass das Spanferkel der abnehmenden Temperatur folgt. Dabei wird der Gluteppich so verteilt, dass dieser immer die Gesamtlänge des Spanferkels abdeckt. Der Teil des Spanferkels mit dem größten Abstand zur Glut hat dabei mehr glühende Kohle als der Teil am Fuß des Asado-Gestells mit einem geringeren Abstand zur Glut.
Gegen Ende der Garzeit wird der Abstand zur Glut verringert, sodass sich die Gartemperatur auf der Haut gleichmäßig erhöht. Die Haut wird dadurch knusprig.
Während der Garzeit wird das Spanferkel wiederholt mit der Würzölmischung bepinselt. Durch das langsame Garen über niedriger Temperatur bleibt das Fleisch saftig-zart. Erst im letzten Drittel der Garzeit wird die Temperatur durch Verringerung des Anstellwinkels erhöht und die Haut wird kross und knusprig.
Anschließend wir das Milchspanferkel aus dem Gitter oder Kreuz entnommen und auf einem Schneidetisch mit Messer und Beil zerteilt. Alternativ kann man das Schwein auch mit dem Messer von der Tischmitte direkt von der Karkasse essen.

MILCHSPANFERKEL | FRISCHLING AM SPIESS

Zutaten

Milchspanferkel oder Frischling (6–8 kg)
1 l Olivenöl
300 g Knoblauch, fein gehackt
Salz
schwarzer Pfeffer aus der Mühle
5 Stengel frischer Salbei
5 Stengel frischer Thymian
5 Rosmarinzweige

Zubereitung

Olivenöl und Knoblauch in einer Schüssel vermischen und mit Salz und Pfeffer abschmecken.
Milchspanferkel oder Frischling mittig auf einen Drehspieß ziehen und an Schulter, Wirbelsäulenmitte und Hüftkeulen fixieren. Salbei, Thymian und Rosmarin in den Brustkorb stecken und mit zwei Holzspießen so fixieren, dass sie beim Drehen nicht herausfallen können.
Den Spieß in einem Abstand von etwa 50 cm neben dem Glutteppich platzieren. Der Glutteppich sollte etwas länger als das Milchspanferkel oder der Frischling sein, um eine gleichmäßige Hitzeverteilung auch am Kopf und an der Hinterkeulen-Seite zu gewährleisten.
Anschließend das Spanferkel/den Frischling von allen Seiten mit der Würzölmischung bepinseln und für etwa 3 Stunden drehen. Dabei immer wieder Holzscheite nachlegen. Die lodernden Flammen garen das Fleisch durch indirekte Hitzeabstrahlung.
Nach etwa 1 Stunde die Holzscheite nur noch an der Kopf- und Hinterseite des Spanferkels/Frischlings nachlegen, damit die Temperatur in den dicken Fleischteilen der Schulter und Hüfte hoch und im mittleren Teil mit der Bauchdecke niedrig bleibt.
Im letzten Viertel der Gesamtgarzeit etwas Glut unter das Spanferkel/den Frischling ziehen und mehr Holzscheite nachlegen, damit die Haut durch die Erhöhung der Temperatur knusprig und goldbraun wird.
Milchspanferkel/Frischling vom Feuer nehmen und auf einem Schneidetisch mit Messer und Beil zerteilen.
Alternativ kann man das Schwein auch mit dem Messer von der Tischmitte direkt von der Karkasse essen.
Diese Zubereitung kann identisch auch für eine Ziege gleichen Gewichts angewendet werden.

RIND VOM HOLZFEUER

BISTECCA FIORENTINA

Zutaten

2 Bistecca Fiorentina, 8 cm dick geschnitten (à 1,5–1,7 kg)
Olivenöl
Salz
schwarzer Pfeffer aus der Mühle

Zubereitung

Bistecca auf der Knochenseite stehend über heißer Glut für etwa 15 Minuten garen.
Anschließend jede Seite 2 x 3 Minuten grillen. Ribeye und Filet vom T-Knochen lösen und in etwa 0,5 cm dünne Scheiben schneiden, mit Olivenöl beträufeln, salzen, pfeffern und servieren.
Der Gargrad *(cuisson)* ist traditionell *rare* bis *medium rare*.

PORTERHOUSE | MAIS | KNOCHENMARK

Zutaten

2 Porterhouse-Steaks, 5 cm dick geschnitten
(à etwa 1200 g)
6 frische Zuckermaiskolben, geschält
125 g Butter
6 Rinderknochen-Scheiben mit Mark
Olivenöl
Salz
schwarzer Pfeffer aus der Mühle

Zubereitung

Porterhouse-Steaks auf der Knochenseite stehend über heißer Glut für etwa 15 Minuten garen. Anschließend je Seite 2 x 2 Minuten grillen.
Maiskolben etwa 10 Minuten über heißer Glut unter Wenden grillen, bis sie eine goldbraune Färbung annehmen. Anschließend vierteln und in einer Eisenpfanne mit Butter und Salz schwenken, sodass der Mais rundherum mit salziger Butter benetzt ist.
Markknochen über heißer Glut etwa 3 Minuten von jeder Seite grillen, bis die Markoberfläche eine leichte Bräunung annimmt.
Anschließende Ribeye und Filet vom T-Knochen lösen und in etwa 0,5 cm dünne Scheiben schneiden, mit Olivenöl beträufeln, salzen, pfeffern und zusammen mit Mais und Markknochen auf einer Holzplatte servieren.
Der Gargrad *(cuisson)* ist *medium rare*.

ENTRECÔTE À LA BORDELAISE

Zutaten

2 Entrecôtes, 5 cm dick geschnitten (à etwa 400 g)
6 Schalotten
2 Rinderknochen-Scheiben mit Mark
Salz
schwarzer Pfeffer aus der Mühle

Zubereitung

Schalotten abziehen und fein hacken.
Entrecôte-Steaks über heißer Glut je Seite 2 x 2 Minuten grillen. Beim Wenden auch die horizontale Ausrichtung zum Grillrost wechseln.
Markknochen über heißer Glut etwa 3 Minuten von jeder Seite grillen, bis die Markoberfläche eine leichte Bräunung annimmt.
Knochenmark aus dem Knochen schaben und mit einer Gabel auf den Entrecôtes zerdrücken. Mit Salz und Pfeffer würzen und die Schalotten auf die Entrecôtes schichten. Schalotten mit einer Prise Salz und etwas Pfeffer würzen und die Steaks für etwa 1 Minute auf dem Grillrost garen lassen.
Anschließend die Entrecôtes mit den Schalotten vorsichtig vom Grillrost nehmen, in 6 gleich große Stücke schneiden und auf einer Platte servieren. Der Gargrad *(cuisson)* ist *medium rare*.

RINDERFILET

Zutaten
1 US-Rinderfilet (etwa 1,8–2 kg)
Salz
schwarzer Pfeffer aus der Mühle
Olivenöl

Zubereitung
Die Glut oder den Grillrost so vorbereiten, dass der Grillbereich eine sehr heiße und eine warme Zone hat.
Die Sehnenhaut vom Rinderfilet schneiden und das Rinderfilet so auf dem Grillrost platzieren, dass der dickere Teil mit dem Filetkopf in der heißen und die Filetspitze mit dem dünneren Teil in der warmen Zone liegt.
Unter regelmäßigem Wenden das Rinderfilet für etwa 30–35 Minuten in einem Abstand von 50 cm über der Glut grillen, bis das Fleisch die Druckfestigkeit des »gelockerten Daumenballens der Hand« hat.
Die letzten 5 Minuten der Garzeit das Rinderfilet direkt über der heißen Glut bräunen. Der Gargrad *(cuisson)* ist dann *rare/medium rare*.
Rinderfilet vom Grillrost nehmen und quer in etwa 2–3 cm dicke Medaillons schneiden. Mit Salz, Pfeffer und etwas Olivenöl würzen und servieren.

RIBEYE | MAIS | JALAPEÑO

Zutaten

2 US-Ribeye-Steaks, 5 cm dick geschnitten (à 400 g)
6 frische Zuckermaiskolben ohne Blätter
10 Jalapeño-Chilis
125 g Butter
Olivenöl
Salz
schwarzer Pfeffer aus der Mühle

Zubereitung

Ribeye-Steaks über heißer Glut je Seite für 2 x 2 Minuten grillen. Beim Wenden auch die horizontale Ausrichtung zum Grillrost wechseln.
Maiskolben etwa 10 Minuten über heißer Glut unter Wenden grillen, bis sie eine goldbraune Färbung annehmen. Anschließend vierteln und in einer Eisenpfanne mit Butter und Salz schwenken, sodass der Mais rundherum mit salziger Butter benetzt ist.
Jalapeños vom Stiel trennen und quer in etwa 0,2 cm dünne Ringe schneiden.
Ribeye-Steaks in etwa 0,5 cm dünne Scheiben schneiden, mit Olivenöl beträufeln, salzen, pfeffern und zusammen mit Mais und Jalapeños auf einer Holzplatte servieren.
Der Gargrad *(cuisson)* ist *medium rare*.

RINDERMARKKNOCHEN

Zutaten

6 längs aufgesägte Rinderknochen mit Mark
1 Bund Petersilie
Salz
schwarzer Pfeffer aus der Mühle

Zubereitung

Petersilienblätter von den Stielen trennen und Blätter grob hacken.
Rindermarkknochen über heißer Glut etwa 3 Minuten von jeder Seite grillen, bis die Markoberfläche eine leichte Bräunung annimmt.
Mit Salz und Pfeffer würzen, Petersilienblätter darüberstreuen und auf einer Platte servieren.
Ideale Beilage zu gegrillten Rindfleischgerichten.

PICANHA

Zutaten

1 kg US-Picanha (Schwanzstück vom Rind in der südamerikanischen Küche)
Salz
schwarzer Pfeffer aus der Mühle
Olivenöl

Zubereitung

Die Fettseite des Picanha rautenförmig einschneiden und mit Salz einreiben.
Picanha in einen Klemmrost spannen und mit einem Abstand von 50 cm über heißer Glut unter Wenden für etwa 45 Minuten garen, bis das Fett eine goldbraune Farbe angenommen hat.
Anschließend über direkter heißer Glut goldbraun grillen.
Picanha aus dem Klemmrost nehmen und quer zur Maserung in etwa 2 cm dicke Scheiben schneiden, mit Salz, Pfeffer und Olivenöl würzen und servieren.

LAMM VOM HOLZFEUER

ASADO VOM LAMM

Zutaten
Lamm ohne Kopf (10–12 kg)
300 g Knoblauch, fein gehackt
2 l Olivenöl
Salz
schwarzer Pfeffer aus der Mühle

Zubereitung
Knoblauch und Olivenöl in einer Schüssel vermischen und mit Salz und Pfeffer abschmecken.

Das Lamm längs zur Wirbelsäule über Hals und Brustkorb aufschneiden, der Hals wird gespalten, aber nicht halbiert. Die Wirbelsäule wird nicht zertrennt. Der Brustkorb mit den Vorderkeulen wird über die Schulter aufgeklappt. Dazu wird das Brustbein durchtrennt und die Brustknochen am Wirbelsäulenansatz beidseitig mit einem Beil so angeschlagen, dass sie von der Wirbelsäule getrennt sind, aber noch von Fleisch und Haut gehalten werden. Die Hinterkeulen werden durch einen Beilschlag in die Hüftgelenke rechts und links der Wirbelsäule über die Hüfte aufgebrochen und gespreizt.
Anschließend wird das Lamm mit Draht im Asado-Kreuz an Fußgelenken, Hals und Wirbelsäule fixiert oder in einem Asado-Klemmgitter eingespannt und mit Oliven-Knoblauch-Öl eingepinselt.
Asado-Kreuz oder Asado-Klemmgitter werden in einem Winkel von etwa 70 Grad an einer kräftigen Glut angestellt und regelmäßig um die eigene Achse gedreht, bis die Haut eine leicht bräunliche Färbung annimmt. Der durchschnittliche Abstand aller Lammteile zur Glut und Hitzesäule sollte etwa 50 cm betragen, das Lamm wird dadurch langsam gegart.
Im Laufe der etwa 4-stündigen Gesamtgarzeit werden Asado-Kreuz und Asado-Klemmgitter auch über die horizontale Achse gewendet, sodass das Lamm gleichmäßig von allen Seiten Temperatur annehmen kann.
Mit abnehmender Temperatur wird der Anstellwinkel der Achse über der Glut verringert, sodass das Lamm der abnehmenden Temperatur folgt. Dabei wird der Glutteppich so verteilt, dass dieser immer die Gesamtlänge des Lamms abdeckt.

Der Teil des Lamms mit dem größten Abstand zur Glut hat dabei mehr glühende Kohle als der Teil am Fuß des Asado-Gestells mit einem geringeren Abstand zur Glut. Somit wird am Ende der Garzeit der Abstand zur Glut verringert, sodass sich die Gartemperatur auf der Haut gleichmäßig erhöht. Die Haut wird dadurch knusprig.
Während der Garzeit wird das Lamm wiederholt mit der Würzölmischung bepinselt.
Durch das langsame Garen über niedriger Temperatur bleibt das Fleisch saftig-zart.
Erst im letzten Drittel der Garzeit wird die Temperatur durch Verringerung des Anstellwinkels erhöht und die Haut wird kross und knusprig.
Anschließend wir das Lamm aus dem Gitter oder Kreuz entnommen und auf einem Schneidetisch mit Messer und Beil zerteilt. Alternativ kann man das Lamm auch mit dem Messer von der Tischmitte direkt von der Karkasse essen.

LAMM VOM SPIESS

Zutaten

Lamm ohne Kopf (10–12 kg)
300 g Knoblauch, fein gehackt
1 l Olivenöl
Salz
schwarzer Pfeffer aus der Mühle
10 Zweige Rosmarin

Zubereitung

Olivenöl und Knoblauch in einer Schüssel vermischen und mit Salz und Pfeffer abschmecken.
Lamm mittig auf einen Drehspieß ziehen und an Schulter, Wirbelsäulenmitte und Hüftkeulen fixieren.
Die Rosmarinzweige in den Brustkorb stecken und mit zwei Holzspießen so fixieren, dass sie beim Drehen nicht herausfallen können.
Den Spieß in einem Abstand von etwa 50 cm neben dem Glutteppich platzieren. Der Glutteppich sollte etwas länger als das Lamm sein, um eine gleichmäßige Hitzeverteilung auch an Schulter und an der Hinterkeulen-Seite zu gewährleisten.
Anschließend das Lamm von allen Seiten mit der Würzölmischung bepinseln und für etwa 4 Stunden drehen. Dabei immer wieder Holzscheite nachlegen. Die lodernden Flammen garen das Fleisch durch indirekte Hitzeabstrahlung.
Nach etwa 1 Stunde die Holzscheite nur noch an der Kopf- und Hinterseite des Lamms nachlegen, damit die Temperatur in den dicken Fleischteilen der Schulter und Hüfte hoch und im mittleren Teil mit der Bauchdecke niedrig bleibt.
Im letzten Viertel der Gesamtgarzeit etwas Glut unter das Lamm ziehen und mehr Holzscheite nachlegen, damit die Haut durch die Erhöhung der Temperatur knusprig und goldbraun wird.
Lamm vom Feuer nehmen und auf einem Schneidetisch mit Messer und Beil zerteilen. Alternativ kann man das Lamm auch mit dem Messer von der Tischmitte direkt von der Karkasse essen.

LAMMKEULE IM FEUERRING

Zutaten

1 Lammhinterkeule mit Knochen und Unterschenkel (2–2,5 kg)
300 ml Olivenöl
100 g Knoblauch, fein gehackt
Salz
schwarzer Pfeffer aus der Mühle

Zubereitung

Olivenöl und Knoblauch in einer Schüssel verrühren und mit Salz abschmecken.
Wie in Kapitel 5.4 beschrieben, unter einem Dreibein einen Feuerring – in dieser Zubereitung mit einem Durchmesser von etwa 60 cm – legen.
Die Lammkeule mit einem Fleischerhaken am Ende des Unterschenkels fixieren und mittig an einer Kette vom Dreibein in den Feuerring hängen lassen. Die Lammkeule hängt dicht über dem Boden, berührt diesen jedoch nicht.
Anschließend die Lammkeule mit Würzölmischung bepinseln und diesen Vorgang während der Garzeit in Abständen von etwa 20 Minuten wiederholen.
Holzscheite während der gesamten Garzeit nachlegen, um eine gleichmäßig hohe Temperatur zu gewährleisten. Die abstrahlende Hitze des Feuerrings gart die Lammkeule.
Nach etwa 90–100 Minuten ist die Lammkeule goldbraun mit einer leicht knusprigen Oberfläche.
Lammkeule vom Haken nehmen, aufschneiden, mit Salz und Pfeffer nachwürzen und servieren.

LAMMKARREE

Zutaten

4 Lammkarrees mit jeweils 7 Knochen
Salz
schwarzer Pfeffer aus der Mühle

Zubereitung

Lammkarrees auf einem Dreibeingrill in einem Abstand von etwa 1 Meter über der heißen Glut mit der Knochenseite nach unten platzieren und nach etwa 30 Minuten wenden. Die Lammkarrees werden langsam gegart.
Nach etwa 15 Minuten erneut wenden und den Abstand zur Glut auf etwa 50 cm reduzieren. Nach etwa 15 Minuten wieder wenden. Glühende Kohlen von einem zweiten Feuer nachlegen.
Nach etwa 80 Minuten die Lammkarrees über direkter heißer Glut knusprig-braun grillen, aufschneiden, leicht mit Salz und etwas Pfeffer würzen und servieren.

MILCHLAMMSEITEN | LIMETTEN

Zutaten

2 Milchlammseiten
Salz
4 Limetten
schwarzer Pfeffer aus der Mühle

Zubereitung

Die Fettseite der Milchlammseite rautenförmig einschneiden und mit Salz einreiben.
Milchlammseiten in einen Klemmrost spannen und mit einem Abstand von 50 cm über heißer Glut unter Wenden etwa 45 Minuten garen, bis das Fett eine goldbraune Farbe angenommen hat.
Anschließend über direkter heißer Glut knusprig grillen.
Milchlammseite aus dem Klemmrost nehmen und die Rippen herausschneiden, mit dem Saft der Limetten beträufeln, mit Pfeffer würzen und servieren.

ELCH | RENTIER | PFIFFERLINGE

Zutaten

1 Elch-Roastbeef (etwa 1,5 kg)
1 Rentier-Roastbeef (etwa 1,5 kg)
250 g Butter
20 g weißer Pfeffer
Salz

Zubereitung

Elch- und Rentier-Roastbeef etwa 45–50 Minuten in einem Abstand von 50 cm über heißer Glut unter ständigem Wenden garen, bis beide Teile eine rotbraune Farbe mit ledrig-knuspriger Konsistenz angenommen haben.
Butter und weißen Pfeffer in einer Eisenpfanne schmelzen und kräftig mit Salz abschmecken.
Die beiden Roastbeef vom Feuer nehmen und in der Eisenpfanne mit der Pfefferbutter für etwa 10 Minuten von allen Seiten knusprig bräunen, dabei immer wieder mit Pfefferbutter übergießen.
Anschließend in mundgerechte Scheiben schneiden, nochmals in der Pfefferbutter schwenken, salzen und separat voneinander auf Pfifferlingen servieren. (Die Zubereitung der Pfifferlinge finden Sie auf Seite 244.)
Elch- und Rentier-Fleisch sind sehr mager und haben gleiche Garzeiten. Elchfleisch ist fest im Biss und sehr schmackhaft, Rentierfleisch ist deutlich zarter als Elch.

HIRSCHKEULE IM FEUERRING

Zutaten

1 Hirschhinterkeule mit Knochen und Unterschenkel (3–3,5 kg)
300 ml Olivenöl
Salz
125 g Butter
10 g weißer Pfeffer

Zubereitung

Olivenöl mit Salz abschmecken und verrühren.
Wie in Kapitel 5.4 beschrieben unter einem Dreibein einen Feuerring legen.
Die Hirschkeule mit einem Fleischerhaken am Ende des Unterschenkels fixieren und mittig an einer Kette vom Dreibein in den Feuerring hängen lassen. Die Hirschkeule hängt dicht über dem Boden, berührt diesen jedoch nicht.
Die Hirschkeule mit Olivenöl bepinseln und diesen Vorgang während der Garzeit in Abständen von etwa 45 Minuten wiederholen.
Holzscheite während der ersten 2 Stunden der Garzeit nachlegen, um eine gleichmäßig hohe Temperatur zu gewährleisten. Die abstrahlende Hitze des Feuerrings gart die Hirschkeule.
Nach etwa 2 Stunden gart die Hirschkeule nur noch bei abnehmender Temperatur der Holzkohle im Feuerring.
Nach etwa 3,5–4 Stunden ist die Hirschkeule rotbraun und hat eine leicht ledrige Oberfläche.
Butter und weißen Pfeffer in einer Eisenpfanne schmelzen und kräftig mit Salz abschmecken.
Hirschkeule vom Haken nehmen, in mundgerechte Stücke schneiden und in der Pfefferbutter der heißen Eisenpfanne schwenken. Anschließend servieren.

WEISSWEDELHIRSCH-RÜCKEN

Zutaten
1 Weißwedelhirsch-Rücken am Knochen (3 kg)
125 g Butter
10 g weißer Pfeffer
Salz

Zubereitung
Den Hirschrücken für etwa 45 Minuten in einem Abstand von 50 cm über heißer Glut garen. Die ersten 15 Minuten der Garzeit steht der Rücken auf der Knochenseite über der Glut. Anschließend im 10-Minuten-Rhythmus wenden, bis die fleischigen Filetseiten eine rotbraune Farbe mit ledrig-knuspriger Konsistenz angenommen haben.
Butter und weißen Pfeffer in einer Eisenpfanne schmelzen und kräftig mit Salz abschmecken.
Hirschrücken vom Feuer nehmen, die Filetteile vom Knochen lösen, in mundgerechte Scheiben schneiden und in der Pfefferbutter in der heißen Eisenpfanne schwenken. Anschließend servieren.

KANINCHEN | KNOBLAUCH | PETERSILIE

Zutaten

1 frisches Kaninchen (etwa 1 kg)
1 Bund Petersilie
Olivenöl
Salz
schwarzer Pfeffer aus der Mühle
100 g Knoblauchzehen, fein gehackt

Zubereitung

Petersilienblätter von den Stielen zupfen und grob hacken. Kaninchen längs über Kopf und Brustkorb aufschneiden, nicht halbieren. Brustkorb über die Schultern aufklappen, die Hinterkeulen spreizen und in einen Klemmrost einspannen.
Mit Olivenöl bepinseln und mit Salz und Pfeffer würzen. Das Kaninchen über heißer Glut etwa 30 Minuten unter Wenden leicht goldbraun grillen und aus dem Klemmrost nehmen.
Kopf, Vorder- und Hinterkeulen sowie knusprige Bauchlappen abschneiden und die Wirbelsäule in etwa 5 cm große Stücke hacken.
2 EL Olivenöl im Wok oder einer Eisenpfanne erhitzen, Knoblauch und Kaninchenteile hinzugeben und für etwa 2 Minuten durchschwenken.
Kaninchenteile auf eine Platte geben, mit Petersilie bestreuen und servieren.

WURST VOM HOLZFEUER

BOERWORS | KORIANDER

Zutaten

750 g Boerewors-Ring (südafrikanische Grillwurst-Spezialität in Form einer Schnecke)
1 Bund Koriander

Zubereitung

Koriander mit Stengel und Blättern grob hacken. Boerewors-Ring in einen Klemmrost einspannen und von beiden Seiten über heißer Glut etwa 10 Minuten grillen, bis die Wurst eine goldbraune Farbe annimmt.
Mit Koriander bestreuen und servieren.
Alternativ als Fingerfood in etwa 5 cm lange Stücke schneiden und Holzzahnstocher einstechen.

BOEREWORS | MANGO-CHUTNEY | KORIANDER | BRÖTCHEN

Zutaten

750 g Boerewors-Ring (südafrikanische Grillwurst-Spezialität in Form einer Schnecke)
1 Bund Koriander
6 kleine Brötchen oder Rolls (Hefebrötchen)
Mango-Chutney

Zubereitung

Koriander mit Stengel und Blättern grob hacken.
Boerewors-Ring in einen Klemmrost einspannen und von beiden Seiten über heißer Glut etwa 10 Minuten grillen, bis die Wurst eine goldbraune Farbe annimmt.
Die Brötchen oder Rolls längs halbieren, aber nicht komplett durchschneiden, aufklappen, beide Innenseiten mit Mango-Chutney bestreichen und mit Koriander bestreuen.
Die Intensität des Chutneys bestimmt den Schärfegrad dieser Zubereitung.
Boerewors in den Brötchen oder Rolls angepasste Stücke schneiden, einlegen und zuklappen.
In Hälften schneiden und servieren.

BRÜHWURST | CHEDDAR | CHILI | KORIANDER (GRILLI-MAKKARAT)

Zutaten

12 Brühwürste Cheddar/Jalapeño (finnische Brühwurst-Zubereitung)
1 Bund Koriander
2 grüne Jalapeño-Chili
2 rote Jalapeño-Chili
2 gelbe Cayenne-Chili

Zubereitung

Korianderstengel und -blätter grob hacken. Die Chilis quer in etwa 0,2 cm dünne Scheiben schneiden.
Die Würste von 2 Seiten mit 4–5 kleinen Schnitten einritzen und über heißer Glut lose oder in einem Klemmrost unter ständigem Wenden goldbraun grillen. Anschließend in etwa 3–4 cm dicke Stücke schneiden, mit den Chilis und dem Koriander vermengen und servieren.
Dieses einfache Gericht kann auch mit Käsekrainern zubereitet werden. Die Auswahl der Chili-Sorten bestimmt den Schärfegrad.

GEMÜSE VOM HOLZFEUER

KÜRBIS | AUBERGINE | ZUCCHINI | SÜSSKARTOFFEL | PAPRIKA

Zutaten

18 Miniatur-Auberginen
18 Miniatur-Zucchini
6 Süßkartoffeln mit Schale
800 g roter Hokkaido-Kürbis mit Schale (alternativ: Butternuss-Kürbis, geschält)
6 rote Paprikaschoten
3 rote Zwiebeln
Olivenöl
Salz
schwarzer Pfeffer aus der Mühle

Zubereitung

Auberginen und Zucchini längs halbieren.
Süßkartoffeln und Hokkaido-Kürbis waschen und grob in etwa 6 cm lange Stücke schneiden.
Paprika entkernen und grob in etwa 6 cm lange Stücke schneiden.
Zwiebeln abziehen und vierteln.
Das Gemüse in einer Schüssel mit Olivenöl, Salz und Pfeffer würzen, in einen feinmaschigen Klemmrost oder Grillkorb geben und über heißer Glut für etwa 10–12 Minuten garen. Während des Garens über heißer Glut alle 20–30 Sekunden wenden.
Das Gemüse ist gar, sobald sich Röstaromen bilden und Kürbis und Süßkartoffeln eine bräunliche Farbe annehmen.
Vor dem Servieren mit Salz und Pfeffer abschmecken.
Die Schale der Süßkartoffeln und des Hokkaido-Kürbisses kann mitgegessen werden. Bei Verwendung des Butternuss-Kürbis die Schale vorher entfernen.

WEISSER & GRÜNER SPARGEL

Zutaten

12 weiße Spargelstangen
12 grüne Spargelstangen
Olivenöl
Salz
schwarzer Pfeffer aus der Mühle

Zubereitung

Den unteren, spröden Teil der Spargel abschneiden, in jedem Fall 5 cm. Weißen Spargel schälen.
Weiße und grüne Spargelstangen mit Olivenöl bestreichen und in einen kalten Klemmrost einspannen. Kräftig mit Salz und Pfeffer würzen.
Klemmrost über die heiße Glut legen und unter Wenden etwa 5 Minuten grillen, bis die ersten dunkelbraunen Verfärbungen eintreten.
Spargel aus dem Klemmrost nehmen und servieren.
Der Spargel kann auch mit indirekter Hitze neben lodernden Flammen gegart werden. Dazu den Klemmrost in unmittelbarer Nähe der Flammen fixieren und unter Wenden garen, bis die gewünschte Verfärbung einsetzt.

LAUCH AUS DER GLUT

Zutaten
6 Stangen Lauch (etwa 4–5 cm Durchmesser)
Salz

Zubereitung
Den Lauch von außen waschen und für 3 Stunden in kaltes Wasser einlegen.
Die Lauchstangen direkt in eine mittlere Glut legen. Eine mittlere Glut hat ihren Temperaturhöhepunkt überschritten und bereits eine dicke weiße Ascheschicht gebildet.
Die Garzeit in der abklingenden Glut mit direktem Kontakt mit den Kohlen beträgt etwa 10 Minuten. Während dieser Zeit die Stangen mehrmals wenden, bis die äußeren Hautschichten schwarz verkohlt sind.
Die Lauchstangen aus der Glut nehmen und die äußeren schwarz und braun verfärbten Hautschichten abziehen.
Es bleibt ein leuchtend grüner, saftiger, sehr aromatischer Mittelteil des Lauchs.
Die Stangen in etwa 4–5 cm schneiden und servieren. Nur bei Bedarf leicht salzen.

BUNTE KAROTTEN & ZUCCHINI

Zutaten
400 g bunte Karotten
2 gelbe Zucchini
2 grüne Zucchini
Olivenöl
Salz
schwarzer Pfeffer aus der Mühle

Zubereitung
Zucchini waschen, das Stielende entfernen und der Länge nach in 3–4 Scheiben von etwa 1 cm schneiden. Karotten waschen, nicht schälen oder beschneiden.
Karotten und Zucchini-Scheiben mit Olivenöl bestreichen und in einen kalten Klemmrost einspannen. Karotten und Zucchini sollten etwa den gleichen Durchmesser haben.
Falls die Größen variieren, werden Karotten und Zucchini separat in Klemmrosten gegart.
Karotten und Zucchini kräftig mit Salz und Pfeffer würzen.
Klemmrost über die heiße Glut legen und unter Wenden etwa 5 Minuten grillen, bis die ersten dunkelbraunen Verfärbungen eintreten.
Karotten und Zucchini aus dem Klemmrost nehmen und servieren.
Karotten und Zucchini können auch mit indirekter Hitze neben lodernden Flammen gegart werden. Dazu den Klemmrost in unmittelbarer Nähe der Flammen fixieren und ebenfalls unter Wenden garen, bis die gewünschte Verfärbung einsetzt.

SPITZPAPRIKA

Zutaten

6 große Spitzpaprika (etwa 20 cm Länge)
Olivenöl
Salz
schwarzer Pfeffer aus der Mühle

Zubereitung

Spitzpaprika waschen, der Länge nach halbieren und entkernen. Mit Olivenöl bepinseln, mit Salz und Pfeffer würzen und in einen Klemmrost einspannen.
Klemmrost über die heiße Glut legen und unter Wenden etwa 8–10 Minuten grillen, bis die ersten dunkelbraunen Verfärbungen eintreten.
Spitzpaprika aus dem Klemmrost nehmen und servieren.
Spitzpaprika können auch mit indirekter Hitze neben lodernden Flammen gegart werden. Dazu den Klemmrost in unmittelbarer Nähe der Flammen fixieren und ebenfalls unter Wenden garen, bis die gewünschte Verfärbung einsetzt.

ROTE BETE | KÜRBISKERNE | PINIENKERNE | OLIVENÖL

Zutaten

6 frische Rote-Bete-Knollen
100 ml Olivenöl
Salz
schwarzer Pfeffer aus der Mühle
Balsamico-Essig
100 g Kürbiskerne
50 g Pinienkerne

Zubereitung

Rote Beten waschen, putzen und abbürsten, dann trocknen.
Die Knollen in etwa 0,5 cm dicke Scheiben schneiden, von beiden Seiten mit Olivenöl bepinseln und mit Salz und Pfeffer würzen.
Anschließend über heißer Glut etwa 3-4 Minuten unter mehrfachem Wenden grillen, bis die Scheiben eine rötlich-bräunliche Farbe annehmen und die Oberfläche leicht knusprig wird.
In eine Pfanne oder Teller einen Spiegel aus Olivenöl und Balsamico-Essig gießen, mit Pfeffer und Salz würzen und die Rote-Bete-Scheiben darauflegen.
Die Kürbis- und Pinienkerne darübergeben und servieren.
Frisches Brot zum Dippen reichen.

PORTOBELLO-PILZE | CHEDDAR | CHILI

Zutaten
3 grüne Cayenne-Chili
3 rote Cayenne-Chili
1 Bund Koriander
6 Portobello-Pilze
Olivenöl
Salz
schwarzer Pfeffer aus der Mühle
300 g geriebener Cheddar

6 Thai-Chilis zum Garnieren

Zubereitung
Chili-Schoten grob hacken. Den unteren Teil der Korianderstiele entfernen und den oberen Teil mit den Korianderblättern fein hacken.
Die Innenseite der Pilzköpfe mit etwas Olivenöl beträufeln. Anschließend mit einer Prise Salz und Pfeffer würzen. Den Koriander in die Innenseite der Köpfe schichten und mit Cheddar auffüllen. Die gehackten Cayenne-Chilis so auf dem Cheddar verteilen, dass auf jedem Pilz grüne und rote Chili-Stücke liegen.
Die Portobello-Pilze mit der Cheddar-Seite nach oben auf einen Grillrost über gemäßigter Glut oder einem Abstand von etwa 50 cm über der heißen Glut legen und langsam für etwa 30 Minuten garen.
Die Pilze sind gegart, sobald der Käse geschmolzen ist.
Die Pilze mit den Thai-Chilis dekorieren und servieren.

HUMMER | LANGUSTEN IM MEERWASSER

Zutaten
6 Hummer oder Langusten (à 400–500 g)
Meerwasser

Zubereitung
Meerwasser in einem Topf oder Kessel über dem Holzfeuer zum Kochen bringen. Hummer oder Langusten lebendig mit dem Kopf nach unten (um sie sofort zu töten) in das kochende Salzwasser geben.
10 Minuten kochen, danach aus dem Wasser nehmen und abkühlen lassen. Den intensivsten Geschmack haben Schalentiere, wenn sie »tiède« genossen werden, d.h. etwas über Körpertemperatur des Menschen (lauwarm).

Als einfache Beilage eignen sich Baguette, Mayonnaise oder Zitronenbutter (siehe Rezeptteil Dips & Saucen). Meerwasser hat neben seinem natürlichen Gehalt an verschiedenen Salzen auch einen Anteil an Algen und Mikroorganismen, die einen geschmacklichen Einfluss haben.

FELCHEN | WEIZENMEHL | BUTTER

Zutaten

6 frische Felchen (à 400–500 g)
100 g Weizenmehl Type 405
Salz
schwarzer Pfeffer aus der Mühle
250 g Butter

Zubereitung

Felchen ausnehmen, schuppen, abwaschen und abtrocknen. Anschließend mehlieren und mit Salz und Pfeffer würzen.
125 g Butter in einer großen Eisenpfanne über heißer Glut schmelzen und 3 Felchen in die Pfanne geben. Den Vorgang mit den restlichen 3 Felchen wiederholen.
Bei größerer Eisenpfanne 250 g Butter schmelzen und alle 6 Felchen in die Pfanne geben, sobald die Butter geschmolzen ist.
Die Felchen je Seite etwa 3–4 Minuten in der Butter garen, bis die mehlierte Haut eine goldbraune Farbe angenommen hat. Nach Möglichkeit nur einmal wenden.
Anschließend im Ganzen servieren.

KAISERMARÄNEN (MUIKKUS) | ROGGENMEHL | BUTTER

Zutaten

1 kg ausgenommene Kaisermaränen
300 g grob gemahlenes Roggenmehl
Salz
schwarzer Pfeffer aus der Mühle
250 g Butter
100 ml Olivenöl

Zubereitung

Roggenmehl mit Salz und Pfeffer würzen und die Kaisermaränen damit mehlieren.
Butter mit Olivenöl in einer großen Eisenpfanne über heißer Glut schmelzen. Sollte die Pfanne zu klein für die gesamte Menge an Kaisermaränen sein, dann die Mengen halbieren und in zwei Durchgängen zubereiten.
Kaisermaränen in die geschmolzene Butter geben und unter vorsichtigem Wenden dunkelbraun braten. Anschließend mit einem Schaumlöffel aus der Pfanne heben und auf ein Küchentuch legen, um überschüssiges Fett aufzunehmen.
Dann servieren.

FLUSSKREBSE IN DILLSUD

Zutaten
120 lebende Flusskrebse
Salz
Zucker
3 Bund Dill
100 g Zucker

Zubereitung
Etwa 6 Liter Wasser in einem Kessel über dem Holzfeuer zum Kochen bringen. Das kochende Wasser salzen und Zucker hinzugeben. Flusskrebse in das Wasser geben und den Dill einlegen.
Flusskrebse garen, bis diese eine kräftig leuchtende rote Farbe angenommen haben.
Flusskrebse mit einer Schaumkelle aus dem Sud entnehmen und auf einer großen Platte oder ausgebreiteten Zeitung servieren.

GARNELEN | JAKOBSMUSCHELN | CHILI | KNOBLAUCH | INGWER

Zutaten

10 Thai-Chilis
1 Ingwerknolle
300 g Knoblauch, fein gehackt
3 l Olivenöl
2 kg rohe Garnelen, 20/30er ohne Kopf und Schale
12 große Jakobsmuscheln (Muskelfleisch)
Baguette

Zubereitung

Die Stiele der Thai-Chilis entfernen und Chilis grob hacken. Ingwerknolle mit Schale fein hacken. Knoblauch, Chili und Ingwer in eine kalte Eisenpfanne (oder Paella-Pfanne, 60 cm Durchmesser) geben, das Olivenöl eingießen und Chili, Knoblauch und Ingwer gleichmäßig im kalten Öl verteilen. Mit Salz würzen.
Pfanne über heiße Glut stellen und das Öl langsam erhitzen. Durch das langsame Erhitzen des Öls werden die Aromastoffe aus Chili, Knoblauch und Ingwer extrahiert. Sobald der Knoblauch beginnt, braune Farbe anzunehmen, Garnelen und Jakobsmuschelfleisch in das siedende Öl geben.
Nach etwa 8–10 Minuten die Pfanne vom Feuer nehmen. Traditionell werden die Garnelen und Jakobsmuscheln mit Gabeln direkt aus der Pfanne gegessen. Dazu wird Baguette oder Ciabatta gereicht, um das würzig-scharfe Öl zu dippen.

FLUSSKREBSSCHWÄNZE | CHILI | KNOBLAUCH/INGWER

Zutaten

3 kg blanchierte Flusskrebsschwänze in der Schale
5 Thai-Chilis
1 Ingwerknolle
1 Bund Koriander
200 ml Olivenöl
200 g Knoblauch, fein gehackt
2 Zitronen, in dekorative Sterne gestochen

Zubereitung

Die Stiele der Thai-Chilis entfernen und Chilis grob hacken. Ingwerknolle mit Schale fein hacken. Koriander mit Stengeln und Blättern grob hacken.
Olivenöl in einer großen Eisenpfanne (oder Paella-Pfanne, 60 cm Durchmesser) über heißer Glut erhitzen.
Flusskrebsschwänze, Chili, Knoblauch und Ingwer in die Pfanne geben, gleichmäßig verteilen und 10–12 Minuten unter Wenden braten.
Sobald der Knoblauch Farbe annimmt, mit Salz abschmecken, Koriander unterheben und mit Zitronensternen garniert in der Pfanne servieren.
Dieses Rezept kann alternativ auch mit ganzen Flusskrebsen zubereitet werden.

MEERESFRÜCHTE-PAELLA

Zutaten

6 reife Tomaten
1 rote Paprika
1 gelbe Paprika
1 orange Paprika
200 ml Olivenöl
300 g Peperoni-Salami, dünn geschnitten
500 g geputzte Baby-Kalamare
600 g Kabeljau-Filet
300 g Knoblauch, fein gehackt
1 kg frische Miesmuscheln
18 rohe Riesengarnelen 20/30er, mit Kopf und Schale
1 l trockener Weiß- oder Roséwein
600 g Basmati-Reis
Salz
1 gegrilltes Hähnchen oder 6 gegrillte Hähnchenschlegel
12 gegarte Flusskrebse
2 Zitronen und 2 Limetten, zu dekorativen Sternen geschnitten

Zubereitung

Tomaten und Paprika in Würfel mit einer Kantenlänge von etwa 2 cm schneiden.
Paella-Pfanne über heiße Glut stellen und Olivenöl eingießen. Öl bis kurz vor dem Rauchpunkt erhitzen, die Peperoni-Salami hineingeben und unter vorsichtigem Rühren anbraten, bis diese leicht knusprig sind.
Die Kalamare hinzugeben und etwa 1 Minute mit den Salami-Scheiben verrühren.
Anschließend Tomaten und Paprika unterheben und für etwa 6–8 Minuten köcheln lassen, bis sich Flüssigkeit bildet.
Kabeljau-Filet in etwa 6 cm breite Streifen schneiden und zusammen mit dem Knoblauch in die Pfanne geben, Muscheln und Riesengarnelen unterheben und etwa 10 Minuten köcheln lassen, bis sich die Muscheln geöffnet haben und sich weitere Flüssigkeit gebildet hat.
Anschließend die köchelnde Masse mit Wein aufgießen, mit Salz abschmecken, den Reis in die Flüssigkeit geben und unterheben.
Die Zutaten köcheln lassen, bis der Reis die Flüssigkeit aufgenommen hat und den gewünschten Biss hat. Während des Köchelns immer wieder umrühren. Die Flüssigkeit ist aufgenommen, sobald der Reis am Pfannenboden festklebt.
Den Reis beim Wenden mit dem Spachtel vom Pfannenboden lösen. Die dabei am Pfannenboden entstehenden Röstaromen sind charakteristisch für diese Zubereitung. Gegebenenfalls etwas Wein nachgießen.
Hat der Reis die Flüssigkeit aufgenommen und ist die gewünschte Reis-Textur erreicht, die Pfanne von der Glut nehmen.
Das separat gegrillte Hähnchen oder die Hähnchenschlegel in das Reisgericht geben.
Die vorgegarten Flusskrebse kreisförmig mit den Scheren zur Pfannenmitte auf den Reis legen und mit den Limetten- und Zitronensternen dekorieren.
Die Paella wir traditionell mithilfe der Muschelschalen direkt aus der Pfanne gegessen. Sie bleibt ohne Hitzequelle für etwa 1 bis 1,5 Stunden heiß.

MIESMUSCHELN | PETERSILIE | RAS EL HANOUT

Zutaten

2 Knoblauchzehen
2 Bund krause Petersilie
3 kg gesäuberte, frische Miesmuscheln
1 l trockener Weißwein
Ras el Hanout (Gewürzmischung aus dem Maghreb)
Salz

Zubereitung

Die Knoblauchzehen abziehen, mit einem flachen Messer quetschen und klein hacken.
Den unteren, festen Teil der Petersilienstengel entfernen, Petersilie grob hacken.
Miesmuscheln, Weißwein, Petersilie und Knoblauch in einen Topf geben, mit Ras el Hanout und einer Prise Salz würzen und bei geschlossenem Deckel aufkochen lassen, bis sich die Muschelschalen öffnen.
Nicht geöffnete Muscheln entfernen und das Muschelgericht servieren.

SCHWARZE MUSCHELN | KOKOSMILCH | CHILI | THAI-BASILIKUM

Zutaten

3 Thai-Chilis
2 Bund Koriander
3 kg frische, gesäuberte schwarze Muscheln (große Miesmuscheln)
500 ml Kokosmilch
3 EL Sojasauce
1 EL Fischsauce
2 EL brauner Zucker

3 Stengel Thai-Basilikum, in Blätter gezupft, zum Garnieren

Zubereitung

Thai-Chilis vom Stiel trennen und fein hacken.
Korianderstiele und -blätter voneinander trennen.
Die Korianderstiele fein hacken und beiseite stellen.
Die Korianderblätter grob hacken.
Muscheln in einen gusseisernen Topf oder Kessel geben und über heißer Glut in Kokosmilch aufkochen, bis sich die Schalen öffnen.
Korianderstiele, Sojasauce, Fischsauce, Chilis und Zucker hinzugeben und verrühren.
Den heißen Topf von der Glut nehmen und abgedeckt etwa 5 Minuten stehen lassen, anschließend die Korianderblätter unterheben.
Die Muscheln mit den gezupften Blättern des Thai-Basilikums dekorieren und servieren.

CALDEIRADA (PORTUGIESISCHER FISCHTOPF) VON DER REGENBOGENFORELLE

Zutaten

6 rote Zwiebeln
3 rote Paprika
3 rote Cayenne-Chilis
9 festkochende, etwa gleich große Kartoffeln
9 reife Tomaten
1,5 kg Regenbogenforellenfilets (alternativ: Hecht-, Zander- oder Barschfilet)
8 EL Olivenöl
200 g Knoblauchzehen, fein gehackt
Salz
Pfeffer
1 Bund Petersilie
500 ml trockener Weiß- oder Roséwein

Cataplana von 40–50 cm Durchmesser (eine Cataplana ist ein traditionelles portugiesisches Kochgerät aus Kupfer und entspricht in der Funktionsweise einem zweiteiligen, geschlossenen Wok, der in der Mitte aufgeklappt werden kann)

Zubereitung

Zwiebeln abziehen, Paprika und Chilis entkernen. Kartoffeln waschen und mit Schale in Scheiben schneiden, Tomaten, Zwiebeln, Paprika und Chilis in dünne Scheiben schneiden. Fischfilets in etwa 2 cm große Würfel schneiden.
2 EL Olivenöl in die Cataplana geben. Je ein Drittel des Gemüses in der Reihenfolge Zwiebeln, Knoblauch, Paprika, Tomaten, Kartoffeln in die Cataplana schichten. 2 EL Olivenöl gleichmäßig über die Kartoffelschicht verteilen und mit einer Prise Salz und Pfeffer würzen. Dann 500 g Fischwürfel auf den Kartoffeln verteilen.
Diese Schichtung zweimal wiederholen. Die letzte Schicht Fischfilet nochmals leicht mit Salz und Pfeffer würzen.
Den Bund Petersilie ungeschnitten als Abschluss mittig auf die Fischfiletschicht legen und den Wein angießen.
Etwa 20–30 Minuten über heißer Glut oder offener Flamme garen.
Anschließend vom Feuer nehmen und die Caldeirada im Topf auf einem feuerfesten Untersatz servieren.
Dieses Rezept kann alternativ mit 1,5 kg gemischten Süßwasserfischfilets zubereitet werden.

CALDEIRADA (PORTUGIESISCHER FISCHTOPF) VON SALZWASSERFISCHEN

Zutaten

6 rote Zwiebeln
3 rote Paprika
3 rote Cayenne-Chilis
9 festkochende Kartoffeln gleicher Größe
9 reife Tomaten
200 g Knoblauchzehen, fein gehackt
300 g Rochenflügel-Filets
300 g Seeteufel-Filets
300 g Katzenhai-Filets
300 g Conger (Meeraal)
200 g Seeteufel-Leber
8 EL Olivenöl
Salz
Pfeffer
6 Riesengarnelen (8/12er)
500 ml trockener Weiß- oder Roséwein

Cataplana (40–50 cm Durchmesser)
Eine Cataplana ist ein traditionelles portugiesisches Kochgerät aus Kupfer und entspricht in der Funktionsweise einem zweiteiligen, geschlossenen Wok, der in seiner Mitte aufgeklappt werden kann.

Zubereitung

Zwiebeln abziehen, Paprika und Chilis entkernen. Kartoffeln mit Schale, Tomaten, Zwiebeln, Paprika und Chilis in dünne Scheiben schneiden.
Fischfilets, Meeraal und Leber in 5–6 cm große Würfel schneiden.

2 EL Olivenöl in die Cataplana geben. Je ein Drittel der angegebenen Gemüsemengen in gleicher Reihenfolge in der Cataplana schichten: Zwiebeln, Knoblauch, Paprika, Tomaten, Kartoffeln. Anschließend 2 EL Olivenöl gleichmäßig über die Kartoffelschicht verteilen und mit Salz und Pfeffer würzen.
Darauf etwa 500 g des Fisches zu gleichen Anteilen verteilen. Diese Schichtung zweimal wiederholen. Die letzte Fischschicht nochmals leicht mit Salz und Pfeffer würzen.
Die Garnelen sternförmig auf die Fischfilets legen und den Wein angießen.
Etwa 20–30 Minuten über heißer Glut oder offener Flamme garen.
Anschließend die Cataplana vom Feuer nehmen und die Caldeirada im Topf auf einem feuerfesten Untersatz servieren.

SCHWERTMUSCHELN | PETERSILIE | KNOBLAUCH

Zutaten

3 kg frische, gesäuberte Schwertmuscheln
1 l trockener Weißwein
2 Bund glatte Petersilie, grob gehackt
200 g Knoblauchzehen, fein gehackt
6 EL Olivenöl
Salz

Zubereitung

Schwertmuscheln, Weißwein, Petersilie und Knoblauch mit Olivenöl in einen Eisentopf oder Kessel geben und mit einer Prise Salz würzen. Etwa 5 Minuten aufkochen lassen und direkt servieren.

GEMÜSE-GRILLPFANNE

Zutaten
500 g Knoblauchzehen, geschält
250 g Pimientos de Padrón
250 g gelbe Baby-Paprika
250 g orange Baby-Paprika
250 g rote Baby-Paprika
300 g bunte Cherrytomaten
150 g ungesalzene, ungeröstete Erdnüsse
150 g ungesalzene, ungeröstete Cashew-Kerne
200 ml Olivenöl
4 Zweige Rosmarin
Salz

Zubereitung
Knoblauchzehen, Pimientos de Patrón und Paprika mit Stielen in die kalte Pfanne geben. Darüber die Cherrytomaten, Erdnüsse und Cashew-Kerne schichten. Das Olivenöl gleichmäßig über das Gemüse verteilen, mit Salz würzen und Rosmarinzweige auflegen.
Das Gemüse nicht vermengen. Die kalte Pfanne über die heiße Glut stellen und das Gemüse anbraten, bis sich die ersten Röstaromen bilden.
Anschließend das Gemüse wenden und weiter anbraten, bis die Paprika eine weiche Konsistenz haben. Der gesamte Röstvorgang dauert bei großer Hitze etwa 15 Minuten.
Anschließend Pfanne vom Feuer nehmen und aus der Pfanne servieren.

RINDERFILET AUS DEM WOK | INGWER | SESAMÖL | SZECHUAN-PFEFFER

Zutaten

1 pariertes Rinderfilet (etwa 1,8–2 kg)
2 Ingwerknollen
750 ml geröstetes Sesamöl
200 g geröstete Sesamkörner
100 g Szechuan-Pfeffer
1 Bund Koriander
Salz
300 g Sojasprossen
rote Chilischoten zum Garnieren

Zubereitung

Das Rinderfilet quer zur Maserung in etwa 6 cm lange und 2 cm dicke Streifen schneiden.
Ingwerknollen mit Haut grob raspeln.
Die Rinderfiletstreifen mit dem Sesamöl, Sesamkörnern, geraspeltem Ingwer und Szechuan-Pfeffer innig vermengen.
In Frischhaltefolie hüllen, die Folie dabei auf die Oberfläche der Filetstreifen drücken. Über Nacht kühl stellen.
Am nächsten Tag aus der Kühlung nehmen und für 6 Stunden bei Zimmertemperatur ruhen lassen.
Korianderstiele und -blätter voneinander trennen. Die Korianderstiele fein hacken und separieren. Die Korianderblätter grob hacken.
Rinderfiletstreifen mit Salz abschmecken, einen Wok über heißer Glut oder Flamme trocken erhitzen und die Rinderfiletstreifen in 3 Chargen nacheinander unter ständigem Wenden für etwa 2 Minuten scharf anbraten.
Sojasprossen und Korianderstiele unterheben. Mit gehackten Korianderblättern bestreuen.
Mit roten Chilischoten dekorieren und servieren.

SÜSSWASSER-FISCHSUPPE

Zutaten
2 Bund Dill
1 geputzte Stange Lauch
2 kg Schalen von Flusskrebsen
1 ganzer, ausgenommener Hecht (1,5 kg)
2 kleine, ausgenommene Barsche (etwa 300 g)
6 Knoblauchzehen
300 g festkochende rohe Kartoffeln, grob gewürfelt
300 g Karotten, grob gewürfelt
100 g Hummerbutter
3 EL Zucker
Salz
gemahlener Cayennepfeffer
weißer Pfeffer aus der Mühle
Regenbogenforellen-Filets ohne Haut (etwa 800 g)

Zubereitung
Die unteren, festen Teile der Dillstiele abschneiden, fein hacken und beiseitestellen. Die Dillspitzen ebenfalls fein hacken. Den Lauch in etwa 2 cm dünne Halbmonde schneiden.
Für den Fischsud Flusskrebsschalen, Hecht und Barsche über heißer Glut oder offener Flamme in einen Kessel geben und mit Wasser aufgießen. Regelmäßig Holzscheite nachlegen und über 5 Stunden köcheln lassen. Gelegentlich umrühren, bis der Hecht in grobe Stücke zerfällt. Anschließend den Sud durch ein Sieb gießen. Fischstücke von den Karkassen lösen, gegebenenfalls entgräten und in die Flüssigkeit geben.
Knoblauchzehen schälen, mit einem flachen Messer zerdrücken und mit den Dillstielen in den Kessel mit der Flüssigkeit geben. Über heißer Glut aufkochen lassen und Kartoffeln, Lauch und Karotten hinzugeben. Sobald Karotten und Kartoffeln die gewünschte Konsistenz erreicht haben, Hummerbutter und Zucker hinzugeben und mit Salz, Cayenne- und weißem Pfeffer abschmecken.
Regenbogenforellen-Filets in etwa 3 cm große Würfel schneiden, in die Fischsuppe einlegen und etwa 1 Minute gar ziehen lassen. Dillspitzen unterheben, den Kessel vom Feuer nehmen und direkt servieren.

MAIS | TOMATE | CHILI | CHAKALAKA

Zutaten

6 Tomaten
6 grüne Cayenne-Chilischoten
6 frische Zuckermaiskolben, geschält
125 g Butter
Chakalaka-Gewürzmischung (im Afrikaladen erhältlich)
Salz

Zubereitung

Die Tomaten grob würfeln. Den Stiel der Chilischoten entfernen und die Chilis vierteln.
Zuckermaiskolben über heißer Glut unter ständigem Wenden etwa 15 Minuten garen, bis die Konsistenz weicher wird oder sie eine leicht bräunliche Farbe annehmen. Anschließend vom Rost nehmen und vierteln.
Butter, Mais, Tomaten und Chilis in eine Pfanne geben und über heiße Glut stellen. Unter vorsichtigem Wenden so lange garen, bis die Butter geschmolzen ist und die Tomaten Saft gezogen haben.
Alles kräftig mit Chakalaka und etwas Salz würzig-scharf abschmecken. Die Maiskolbenstücke von allen Seiten im Würzsaft wenden. Die Flüssigkeit soll nicht mehr kochen.
In der Pfanne oder einer Schale servieren.

PFIFFERLINGE AUS DER EISENPFANNE

Zutaten

1 Bund glatte Petersilie
3 kg frische, geputzte Pfifferlinge
125 g Butter
2 rote Zwiebeln, fein gehackt
Salz
schwarzer Pfeffer aus der Mühle

Zubereitung

Den unteren, sehr festen Teil der Petersilienstengel entfernen und den oberen Teil grob hacken.
Pfifferlinge in eine kalte, trockene Eisenpfanne geben und diese über eine heiße Glut oder offene Flammen stellen. Etwa 10–15 Minuten garen, dabei gelegentlich wenden, bis sich etwas Flüssigkeit bildet.
Sobald die Pfifferlinge weich werden, Butter und Zwiebeln hinzugeben und unter vorsichtigem Rühren etwa 3–5 Minuten anschwitzen. Anschließend mit Salz und Pfeffer aus der Mühle abschmecken.
Gehackte Petersilie über die Pfifferlinge streuen und sofort servieren.

MORCHELN AUS DER EISENPFANNE

Zutaten

1 Bund glatte Petersilie
3 kg frische, geputzte Morcheln
125 g Butter
2 rote Zwiebeln, fein gehackt
Salz
schwarzer Pfeffer aus der Mühle

Zubereitung

Den unteren, sehr festen Teil der Petersilienstengel entfernen und den oberen Teil grob hacken.
Morcheln in eine kalte, trockene Eisenpfanne geben und diese über eine heiße Glut oder offene Flammen stellen. Etwa 10–15 Minuten garen, dabei gelegentlich wenden, bis sich etwas Flüssigkeit bildet.
Sobald die Morcheln weich werden, Butter und Zwiebeln hinzugeben und unter vorsichtigem Rühren etwa 3–5 Minuten anschwitzen. Anschließend mit Salz und Pfeffer aus der Mühle abschmecken.
Gehackte Petersilie über die Morcheln streuen und sofort servieren.

LINSENSUPPE MIT FOIE GRAS
Rezept von Jonas Schäfer, Valea Verde in Transsilvanien

Zutaten

300 g Linsen
250 ml Gemüsefond
80 g Zwiebeln, gewürfelt
10 g Knoblauch, gewürfelt
100 ml trockener Gewürztraminer
30 g Butter
100 ml flüssige, saure Sahne
20 ml Balsamico-Essig
80 g geriebener Parmesan
15 g Salz
5 g schwarzer Pfeffer aus der Mühle
120 g Foie gras

Zubereitung

Linsen gut waschen und im Gemüsefond in einem Kessel oder Wok über direkter Glut garen.
In einer separaten Eisenpfanne oder einem Wok Zwiebeln und Knoblauch in Butter anschwitzen und mit dem Gewürztraminer-Wein ablöschen.
Gegarte Linsen samt Brühe in die Pfanne zu Zwiebeln und Knoblauch geben.
Saure Sahne, Balsamico-Essig und Parmesan hinzugeben, etwa 5 Minuten einkochen und mit Salz und Pfeffer würzen.
Vor dem Servieren Foie gras in 6 Würfel zu etwa 20 g schneiden und scharf anbraten.
Die Linsensuppe in Teller füllen und mit einem Foie-gras-Würfel als Suppeneinlage servieren.

DIJONSENF-KANINCHEN

Zutaten
1 frisches, ganzes Kaninchen
1 Bund glatte Petersilie
1 rote oder weiße Zwiebel
50 g Knoblauch, fein gehackt
300 g Rinderhack
1 Kaninchen-Leber oder 100 g Hühnerleber
300 g Dijonsenf
Salz
schwarzer Pfeffer aus der Mühle
Blütensalz (The Fifth Quarter)
1 l trockener Weißwein

Nadel & Faden

Petersilienblätter zum Garnieren

Zubereitung
Kaninchen waschen und abtrocknen.
Petersilie fein schneiden, Zwiebel abziehen und in feine Würfel schneiden und mit dem Knoblauch zum Rinderhack geben.
Leber mit der Gabel in kleine Stückchen zerdrücken, ebenfalls zum Rinderhack geben und die gesamte Masse mit 1 EL Dijon-Senf gründlich vermengen, dabei mit Salz und Pfeffer abschmecken.
Kaninchen großzügig mit der Hackmasse füllen und den Bauch mit Nadel und Faden zunähen. Das Kaninchen komplett mit Dijon-Senf einreiben, sodass die Haut mit Senf abgedeckt ist.
Das Senf-Kaninchen mit Blütensalz von allen Seiten bestreuen und in einen flachen Dutch Oven (Bräter) geben. Mit Wein angießen und mit geschlossenem Deckel über mittlerer Glut für etwa 60 Minuten garen.
Während des Garens etwa 8 Stücke Glut auf den Deckel geben, sodass das Kaninchen mit Ober- und Unterhitze gegart wird. Nach etwa 30 Minuten das Kaninchen wenden.
Nach der Garzeit das Kaninchen aus dem Bräter nehmen, die Bauchnaht öffnen und das Rinderhack in einem Stück entnehmen. Das Hack hat die Form eines großen Ostereis. Hack in etwa 2–3 cm dicke Scheiben schneiden und auf einer Platte mittig platzieren. Das Kaninchen zerteilen und um die Hackscheiben legen. Das Rinderhack mit dem Fond aus dem Bräter übergießen und mit Petersilienblättern garnieren.

FROSCHSCHENKEL | CHILI | KNOBLAUCH | KORIANDER

Zutaten

1 Bund Koriander
12 Froschschenkel-Paare
4 EL Sonnenblumen- oder Rapsöl
1 grüne Cayenne-Chili
1 rote Cayenne-Chili
1 gelbe Cayenne-Chili
8 junge Knoblauchzehen
2 EL Olivenöl
Salz
schwarzer Pfeffer aus der Mühle

Zubereitung

Korianderstiele und -blätter voneinander trennen. Die Korianderstiele fein hacken und separieren. Die Korianderblätter grob hacken.

4 EL Sonnenblumen- oder Rapsöl in eine Plancha (spanische Grillplatte aus Metall) oder Eisenpfanne gießen, über heißer Glut stellen und Froschschenkel in das Öl legen. Froschschenkel nach etwa 2 Minuten mit einem Spachtel wenden (nachdem sie auf der Grillseite eine leicht Braunfärbung angenommen haben) und Chilis und Knoblauchzehen zu den Froschschenkeln in das heiße Öl geben. Nach weiteren etwa 2 Minuten Chilis und Knoblauch zusammen mit Froschschenkeln wenden und dabei gut mischen.

2 EL Olivenöl und die fein gehackten Korianderstiele über die Froschschenkel geben und mit Chilis und Knoblauchzehen nochmals wenden und alles weitere 4–5 Minuten garen.

Anschließend mit Salz und Pfeffer abschmecken und in eine Schale oder auf eine gewölbte Platte geben. Die Korianderblätter darüberstreuen und servieren.

TRICANDILLES À LA BORDELAISE

Zutaten

4 Knoblauchknollen
2 Bund glatte Petersilie
500 g saubere Schweinedärme
4 EL Sonnenblumen- oder Rapsöl
Salz
schwarzer Pfeffer aus der Mühle

Plancha (spanische Grillplatte aus Metall)

Zubereitung

Knoblauchknollen horizontal halbieren. Petersilienblätter von den Stielen trennen und Blätter grob hacken. Schweinedärme salzen, 4 EL Sonnenblumen- oder Rapsöl auf die Plancha oder in die Eisenpfanne geben und über heiße Glut stellen. Schweinedärme und Knoblauchknollenhälften mit der Schnittfläche nach unten in das Öl legen. Därme unter Wenden etwa 10–12 Minuten scharf angrillen. Sobald sich eine gold-braune Farbe gebildet hat, die Därme mit Pfeffer würzen und nochmals mit etwas Salz abschmecken.

Die Knoblauchknollenhälften sind gar, sobald sie auf der Schnittfläche eine goldbraune Färbung angenommen haben.

Schweinedärme auf der Plancha oder in der Eisenpfanne in 3–4 cm lange Stücke schneiden, mit einigen Knoblauchzehen vermengen, die Petersilienblätter unterheben und servieren.

FORELLENKAVIAR | CRÈME FRAÎCHE | KARTOFFELCHIPS

Zutaten

600 g gesalzene Kartoffelchips
300 g Forellenkaviar (alternativ: Kaviar vom Bachsaibling)
250 g Crème fraîche

Zubereitung

Korianderstiele und -blätter voneinander trennen. Die Kartoffelchips auf einer großen Platte flach ausbreiten. Mit einem Teelöffel gleichmäßig und großflächig Crème fraîche über die Chips klecksen.
Über Crème fraîche und Chips mit einem Teelöffel den Kaviar streuen.
Sofort servieren, damit die Chips nicht aufweichen. Dieser Snack lebt von dem Kontrast der 3 Texturen.

GRAVED LACHS

Zutaten
300 g Zucker
100 g Salz
1 Lachsseite mit Haut (etwa 1 kg)
2 Bund Dill
2 Limetten, Saft und Schale
100 ml Aquavit oder Wodka
rosa Beeren

2 Holzbretter (etwas länger und breiter als die Lachsseite)
Frischhaltefolie

Zubereitung
Zucker und Salz vermischen.
Frischhaltefolie auf einem Holzbrett auf einer Länge von etwa 50 cm ausrollen und nicht abschneiden.
Lachsseite mit der Hautseite nach unten darauflegen und mit dem Zucker-Salz-Gemisch über die gesamte Oberfläche der Fleischseite einreiben.
Dill fein hacken und gleichmäßig über der Zucker-Salz-Schicht verteilen.
Limetten waschen und deren Zeste gleichmäßig fein über die Dillschicht reiben.
Den Saft der Limetten und den Aquavit über die Lachsseite träufeln. 2 EL rosa Beeren gleichmäßig über die Dillschicht verteilen.
Die Frischhaltefolie weiter ausrollen, damit die Lachsseite komplett mit Folie eingeschlagen werden kann. Folie abschneiden und Lachsseite komplett einschlagen, sodass keine Flüssigkeit austreten kann. Den Vorgang gegebenenfalls wiederholen.
Ein etwa 30 cm tiefes Loch graben, das Brett mit der Lachsseite waagerecht auf den Boden des Loches setzen. Ein weiteres Holzbrett mit den etwa gleichen Maßen direkt auf das Brett mit dem Lachs legen und mit Erde bedecken. Das Erdloch wieder schließen. Die Erde drückt die beiden Holzbretter zusammen und die Aromastoffe gelangen so in das Lachsfleisch.
Die eingeschlagene Lachsseite bleibt nun etwa 24 Stunden in dem Loch. Anschließend ausgraben und die Folie vorsichtig von der Lachsseite entfernen, sodass Erde oder Sand nicht an den Fisch gelangen.
Die Lachsseite auf einem flachen Holzbrett platzieren und schräg in einem 60-Grad-Winkel dünn aufschneiden und servieren.

REGENBOGENFORELLEN-CEVICHE | MANGO | FORELLENKAVIAR

Zutaten

1 Regenbogenforellen-Filet ohne Haut (etwa 800 g)
6 Limetten
2 reife Mango
2 rote Zwiebeln
2 Habanero-Chili
2 Jalapeño-Chili
1 Bund Koriander
200 ml Olivenöl
50 ml Aceto balsamico
Fleur de Sel
schwarzer Pfeffer aus der Mühle

Forellenkaviar zum Garnieren

Zubereitung

Forellenfilet in Würfel mit einer Kantenlänge von etwa 2 cm schneiden und in eine Schale geben. Den Abrieb und den Saft der Limetten dazugeben, miteinander vermengen und 3 Stunden abgedeckt kaltstellen.
Mango schälen und in schmale Streifen mit 1–2 cm Länge schneiden. Rote Zwiebeln schälen und zu etwa 2–3 cm langen Streifen schneiden. Chilis entkernen und fein hacken. Korianderstiele und -blätter voneinander trennen. Die Korianderstiele fein hacken und separieren. Die Korianderblätter grob hacken.
Olivenöl und Aceto balsamico zu den Forellenwürfeln geben und gleichmäßig verteilen. Mango, Chilis, rote Zwiebeln und Korianderstiele unter die Forellenwürfel heben. Mit Fleur de Sel und schwarzem Pfeffer kräftig würzen. 1 Stunde kalt stellen.
Vor dem Servieren die Korianderblätter unterheben und die Ceviche mit Forellenkaviar bestreuen.

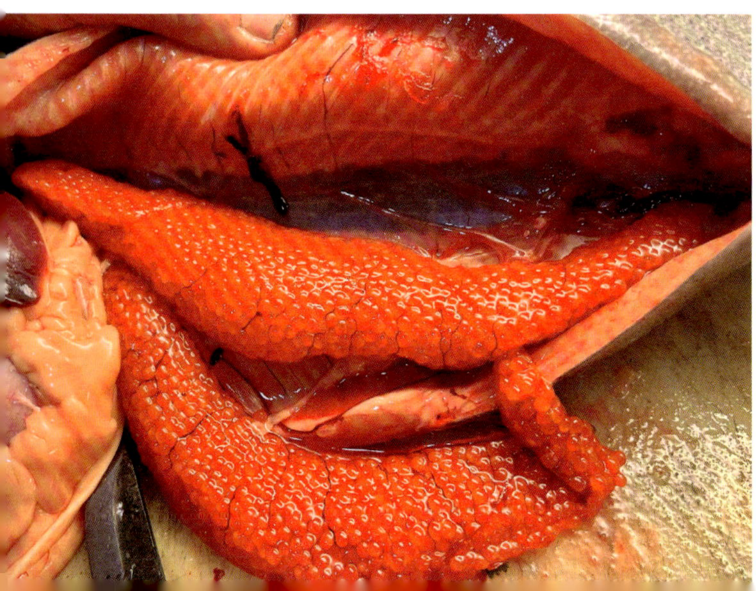

LACHS-CEVICHE | ERDBEEREN | ROTE ZWIEBELN

Zutaten

1 Lachsfilet ohne Haut (etwa 1 kg)
6 Limetten
2 rote Zwiebeln
500 g frische Erdbeeren
1 Habanero-Chili
200 ml Olivenöl
Fleur de Sel
schwarzer Pfeffer aus der Mühle

Erbsensprossen und Crema di Aceto balsamico als Garnitur

Zubereitung

Lachsseite in Würfel mit einer Kantenlänge von etwa 2 cm schneiden und in eine Schale geben. Die Limetten auspressen, den Saft dazugeben und alles miteinander vermengen. 3 Stunden abgedeckt kalt stellen.
Zwiebeln schälen und zu etwa 2–3 cm langen Streifen schneiden.
Erdbeeren waschen, den Stiel entfernen und achteln.
Chili entkernen und fein hacken.
Olivenöl zu den Lachswürfeln geben und alles miteinander vermengen. Erdbeeren, Chilis und Zwiebeln unter die Lachswürfel heben und gleichmäßig verteilen. Dabei mit Fleur de Sel und schwarzem Pfeffer kräftig würzen. 1 Stunde kalt stellen.
Vor dem Servieren mit einem Aceto-Balsamico-Muster verzieren und mit Erbsensprossen bestreuen.

OKTOPUS-SALAT

Zutaten

1 grüne Paprika
1 gelbe Paprika
1 rote Cayenne-Chilischote
2 Tomaten
2 rote oder weiße Zwiebeln
1 Bund Koriander
500 g blanchierte Oktopus-Tentakel
Olivenöl
50 ml weißer Essig
Salz
schwarzer Pfeffer aus der Mühle

Zubereitung

Paprika, Chilischote und Tomaten entkernen, die Zwiebeln schälen. Korianderstiele und -blätter voneinander trennen. Die Korianderstiele fein hacken und separieren. Die Korianderblätter grob hacken.
Anschließend Tentakel, Paprika, Chili, Tomaten und Zwiebeln in gleich große Würfel mit einer Kantenlänge von etwa 1 cm schneiden und mit den Korianderstielen vermengen. Essig hinzugeben und mit Olivenöl, Salz und schwarzem Pfeffer abschmecken. Unmittelbar vor dem Servieren die Korianderblätter dazugeben.

BRAAIBROODJIES

Zutaten

3 rote Zwiebeln
4 Tomaten
1 Paket geschnittenes Weißbrot (20 Scheiben)
250 g weiche Butter
10 Scheiben Hinterschinken
10 Scheiben Cheddar-Käse
scharfes Mango-Chutney

Zubereitung

Die Zwiebeln abziehen und in 2 mm dünne Ringe schneiden. Die Tomaten in etwa 2 mm dünne Scheiben schneiden.
10 Scheiben Weißbrot dünn mit weicher Butter bestreichen und mit der gebutterten Seite nach außen in eine eckige Grillzange legen.
Die Innenseiten ebenfalls dünn mit weicher Butter bestreichen und mit einer Scheibe Hinterschinken und Cheddarkäse belegen. Darauf nacheinander die Tomaten und die Zwiebelringe verteilen.
Weitere 10 Scheiben Weißbrot gleichmäßig mit scharfem Mango-Chutney bestreichen und diese mit der Chutney-Seite nach unten auf die Zwiebelseite der anderen Weißbrotscheiben legen. Die äußere Seite nun ebenfalls mit weicher Butter bestreichen.
Die Grillzange schließen und die Braaibroodjies bei mäßiger Hitze etwa 50 cm oberhalb der Glut unter regelmäßigen Wenden der Grillzange für 10–15 Minuten goldbraun grillen.
Die Grillzange vom Feuer nehmen und die Braaibroodjies aus der Zange nehmen und quer zu Dreiecken schneiden. Die Dreiecke auf einem Brett oder einer Platte arrangieren und servieren.
In Südafrika sind Braaibroodjies ein Nationalgericht und werden als Beilage zu gegrilltem Fleisch gereicht.

SALADE DES TOMATES À LA BORDELAISE

Zutaten

10 reife Tomaten
2 weiße oder rote Zwiebeln
3 Knoblauchzehen
1 grüne Cayenne-Chilischote
15 kleine Cornichons
100 ml Olivenöl
2 EL Aceto balsamico
Salz
schwarzer Pfeffer aus der Mühle

Zubereitung

Die Tomaten in 2 mm dünne Scheiben schneiden und fächerförmig auf einer flachen Platte anrichten.
Zwiebeln abziehen, in 2 mm dünne Ringe schneiden und gleichmäßig über den Tomaten verteilen.
Knoblauchzehen abziehen, Chilischote entkernen und wie die Cornichons fein hacken, großflächig über Tomaten und Zwiebeln streuen.
Mit Olivenöl und Aceto balsamico anmachen, aber nicht vermengen. Anschließend nach Gefühl mit Salz und Pfeffer würzen.

SARDINEN | ROTE BETE | LIMETTE | ROTE ZWIEBELN

Zutaten

6 kleine Knollen Rote Bete
Salz
Olivenöl
schwarzer Pfeffer aus der Mühle
500 g Sardinen in Tomatensauce aus der Dose (Pilchards)
2 rote Zwiebeln
3 Limetten

Zubereitung

Rote Beten abbürsten, waschen und mit der Schale in einen Topf geben, mit ungesalzenem Wasser bedecken und bei geschlossenem Deckel aufkochen lassen. Nach dem Aufkochen etwa 30 Minuten köcheln lassen, bis die Knollen gar sind. Diese sind gar, wenn man sie leicht mit dem Messer einstechen kann. Bei großen Knollen kann die Garzeit bis zu 50 Minuten dauern. Das Salz erst kurz vor Ende des Garens hinzugeben, da es der Roten Bete Farbe entzieht. Anschließend abtropfen und abkühlen lassen.

Nach dem Abkühlen die Roten Beten schälen, in kleine, dünne Streifen raspeln und kräftig mit Olivenöl, schwarzem Pfeffer und Salz würzen und abschmecken.

Sardinen aus der Dose nehmen und die Tomatensauce abtropfen lassen. Die einzelnen Sardinen oder Sardinen-Stücke so auf eine flache Servierplatte mit Rand legen, dass Zwischenräume entstehen und sich die einzelnen Teile möglichst nicht berühren.

Die Zwischenräume großzügig mit Rote-Bete-Streifen füllen. Die roten Zwiebeln schälen und in 2 mm dünne Ringe schneiden. Die Zwiebelringe über Fisch und Rote-Bete-Streifen verteilen.

Die Limetten achteln und mit der Fruchtfleischseite nach unten gleichmäßig über die Platte verteilen.

Alternativ kann man für mehr Schärfe noch frisch geriebenen Meerrettich (Kren) oder fein gehackte Ingwerknollen darüberstreuen.

KALBS-CARPACCIO | LIMETTE | OLIVENÖL | MAJORAN

Zutaten
500 g Kalbsfilet
Abrieb von 3 Limetten
Olivenöl
6 Stengel frischer Majoran
Blütensalz (The Fifth Quarter)
schwarzer Pfeffer aus der Mühle

Zubereitung
Kalbsfiletfilet in etwa 2 mm dünne Scheiben schneiden und diese mit einem flachen Küchenmesser platt drücken. Die hauchdünnen Kalbsfiletscheiben fächerförmig auf 6 flachen Tellern anrichten und gleichmäßig den feinen Abrieb der Limetten darüber verteilen. Mit Olivenöl besprenkeln.
Die Majoranblättchen von den Stengeln zupfen, grob hacken und gleichmäßig über dem Carpaccio verteilen.
Mit Blütensalz und schwarzem Pfeffer würzen und servieren.

PILZ-CARPACCIO

Zutaten
300 g frische braune Champignons oder Steinpilze
300 g Kräutersaitlinge
1 Bund glatte Petersilie
Olivenöl
Blütensalz (The Fifth Quarter)
schwarzer Pfeffer aus der Mühle

Zubereitung
Pilze in dünne Scheiben schneiden und auf einer flachen Platte oder einem Brett leicht überlappend platzieren.
Die unteren Stiele der glatten Petersilie entfernen und den Blätterteil grob hacken. Anschließend Petersilienblätter gleichmäßig über die Pilzoberfläche streuen.
Olivenöl darüber sprenkeln und mit Blütensalz und schwarzem Pfeffer gleichmäßig würzen.

RINDERFILET-NIGIRI

Zutaten
300 g Rinderfilet
18 mundgerechte Nigiri-Sushi-Reis-Unterlagen (eigene Herstellung oder zubereitet gekauft)
1 kleine Ingwerknolle
3 Frühlingszwiebeln, gehackt
Wasabi-Paste
Sonnenblumen- oder Rapsöl

Zubereitung
Das rohe Rinderfilet in etwa 2 mm dünne Scheiben schneiden und mit einem flachen Küchenmesser platt drücken. Anschließend so zu trapezförmigen Stücken schneiden, dass sie die Sushi-Reis-Unterlage großzügig bedecken.
Ingwerknolle schälen und sehr fein hacken oder reiben.
Frühlingszwiebeln waschen und sehr fein hacken. Etwas Wasabi-Paste auf einen Finger geben und die Oberseite der Sushi-Reis-Unterlage damit benetzen.
Rinderfilet auf den Sushi-Reis legen und hauchdünn mit Öl bepinseln. Mit einem Teelöffel oder einer Pinzette eine kleine Menge gehackte Frühlingszwiebel mittig zentriert auf die Rinderfiletscheiben geben. Anschließend darauf etwas Ingwerabrieb setzen.
Möglichst bei Zimmertemperatur servieren.

GETRÜFFELTES SELLERIE-CARPACCIO
Rezept von Jonas Schäfer, Valea Verde in Transsilvanien

Zutaten
200 g Knollensellerie
250 ml Gemüsefond
80 g saure Sahne
20 ml Sojasauce
15 g fein geraspelte Trüffel (nicht gehobelt)
20 g Hartkäse (Gruyère)
Salz
schwarzer Pfeffer aus der Mühle

rosa Beeren, Erbsensprossen und Trüffelscheiben zum Garnieren

Zubereitung
Sellerie waschen, putzen und in 3 mm dünne Scheiben schneiden. Selleriescheiben für 5 Minuten in kochendem Gemüsefond garen und dann vom Feuer nehmen. Selleriescheiben aus dem Sud nehmen.
Saure Sahne in den Gemüsefond geben und mit Sojasauce und fein geraspelten Trüffeln aufkochen.
Hartkäse fein raspeln, in die Trüffelsahne einarbeiten und für 5 Minuten leicht köcheln lassen. Mit Salz und Pfeffer abschmecken.
Selleriescheiben auf einen Teller geben und mit Sauce bedecken.
Mit gestoßenen rosa Beeren und Erbsensprossen dekorieren und schwarze Trüffel fein darüber hobeln.

DIPS & SAUCEN

KNOBLAUCH-MAYONNAISE

Zutaten
3 Knoblauchzehen
2 Eigelb
1 EL Dijonsenf
500 ml Sonnenblumen- oder Rapsöl
Salz
schwarzer Pfeffer aus der Mühle

Zubereitung
Knoblauchzehen schälen, in einer Knoblauchpresse quetschen und anschließend fein hacken.
Eigelb und Dijon-Senf in eine hohe Schale geben und mit dem Schneebesen verrühren. Öl langsam, tröpfchenweise oder in dünnstmöglichem Strahl, zu der Ei-Senf-Masse hinzugeben und durch kräftiges Schlagen mit dem Schneebesen oder Handmixer montieren.
Sobald die Mayonnaise dickflüssiger und etwas fester wird, kann der Öl-Strahl ebenfalls etwas dicker werden und etwas mehr Öl zur Montage hinzugefügt werden, bis eine festcrèmige Textur entstanden ist.
Mit Salz und Pfeffer abschmecken. Sobald die gewünschte Konsistenz erreicht ist, den vorbereiteten Knoblauch in die Mayonnaise einarbeiten und 1 Stunde abgedeckt kühl stellen.

CHILI-MAYONNAISE

Zubereitung wie oben, aber Knoblauch durch 1 rote und 1 gelbe fein gehackte Cayenne-Chilischote ersetzen. Für mehr Schärfe können alternativ oder zusätzlich fein gehackte Habeneros oder Thai-Chilis eingearbeitet werden.

DILL-MAYONNAISE

Zubereitung wie oben, aber Knoblauch durch 1 Bund fein gehackten Dill ersetzen. Den Dill mit einem Löffel unter die Mayonnaise heben, nicht mit einem Schneebesen oder im Mixer.

WASABI-MAYONNAISE

Zubereitung wie oben, aber Knoblauch durch 1 EL Wasabi-Paste ersetzen. Die zugegebene Menge an Wasabi-Paste bestimmt den Schärfegrad der Mayonnaise.

ESTRAGON-LIMETTEN-POMMERY-MAYONNAISE

Zubereitung wie oben, aber Knoblauch durch 2 EL Pommery-Senf, Saft und Abrieb von 1 Limette und 6 fein gehackte Blättchen Estragon ersetzen.

PETERSILIE-BASILIKUM-MAYONNAISE

Zubereitung wie Knoblauch-Mayonnaise oben, aber zusätzlich 300 ml Crème fraîche, 1 Bund gehackte, krause Petersilie und 50 g fein gehacktes, getrocknetes Basilikum einrühren.

SOJASAUCEN-DIPS MIT CHILI | INGWER | WASABI | EI

Zutaten

1 Ingwerknolle
12 Thai-Chilis
6 Eigelb
Wasabi-Paste
150 ml Sojasauce (Kikkoman)

24 kleine Saucen-Schälchen

Zubereitung

Ingwer mit der Schale fein hacken. Den Stiel der Thai-Chilis entfernen und die Chilis fein hacken.
Eigelb auf 6 kleine Saucen-Schälchen verteilen.
Die fein gehackten Chilis auf 6 weitere kleine Schälchen verteilen.
Den fein gehackten Ingwer ebenfalls auf 6 weitere kleine Schälchen verteilen.
Jeweils einen etwa 3 cm langen Streifen Wasabi-Paste in 6 weitere kleine Saucen-Schälchen drücken.
Die mit Chili, Wasabi und Ingwer gefüllten Schälchen mit jeweils 50 ml Sojasauce aufgießen.
Pro Person wird jeweils ein Schälchen der Zubereitungen gereicht, sodass jeder Person 4 Schälchen zur Verfügung stehen.

Das Prinzip dieses chinesischen Dip-Konzepts ist es, ein dünn geschnittenes Stück Rind- oder Schweinefleisch zunächst in das Eigelb und anschließend in eine der drei Saucen zu dippen. Dieser Vorgang wird während des Essens spielerisch variierend wiederholt. Das Eigelb liefert dabei einen cremigen, geschmackssteigernden Umami-Effekt.

GRÜNE SAUCE

Zutaten

2 Bund glatte Petersilie
3 Bund Schnittlauch
2 rote oder weiße Zwiebeln
300 ml Olivenöl
Salz
schwarzer Pfeffer aus der Mühle

Zubereitung

Petersilie und Schnittlauch waschen und fein hacken. Zwiebeln abziehen und fein hacken. Olivenöl hinzugeben und alles vermengen. Mit Salz und schwarzem Pfeffer abschmecken.
Passt sehr gut zu gegrilltem fettem Fisch wie Makrele, Sardine oder Aal.

KAPITEL 5

CULINARY EVENTS & SPECIALS

»Es gibt Wichtigeres im Leben als ständig dessen Geschwindigkeit zu erhöhen.« (Mahatma Gandhi)

Während der Familienurlaube meiner Kindheit und Jugend waren die legendären »Plateaux de Fruits de Mer« (Meeresfrüchteplatten) der französischen Atlantikküste eines der wichtigsten Familienrituale. Wir haben es geliebt und begeistert zelebriert. Diese Tradition setzte sich in meiner eigenen Familie fort, und wir konnten dieses Ritual leidenschaftlich an unsere Kinder weitergeben.

Die Leidenschaft für Meeresfrüchte und deutsche Rieslinge teilte ich mit der großartigen Weingutbesitzerin Annegret Reh-Gartner und ihrem Mann Gerhard Gartner, Zwei-Sterne-Koch und Pionier der Sterneküche in Deutschland. Das Buch über sein Lebenswerk, »Hummer cum Laude« widmete er dem Schalentier. Annegrets Familie besitzt neben der berühmten Domaine Bertagna in Vougeot in Burgund auch eines der Aushängeschilder deutscher Weinkultur, das Weingut Reichsgraf von Kesselstatt auf Schloss Marienlay an der Ruwer. Das Weingut bewirtschaftet einen außergewöhnlichen Weinbergbestand in weltberühmten Lagen an Mosel, Saar und Ruwer. Der große weltweite Erfolg des Weingutes war Annegrets Lebenswerk. Neben der Leidenschaft für Krustentiere und allem, was im Wasser krabbelt und schwimmt, verband uns eine langjährige Freundschaft. Ende der 1990er-Jahre durfte ich mit Annegret drei Jahre auf Schloss Marienlay zusammenarbeiten. Während meiner Zeit an Mosel, Saar und Ruwer entstand die legendäre »Hummer Nummer«. Annegret und Gerhard haben das Leben geliebt und genossen. In der Entwicklung meines persönlichen, internationalen Lebenswegs als Mensch und Unternehmer verdanke ich ihnen Wesentliches. Beide sind bereits in eine friedlichere Welt vorausgegangen.

1998 konzipierte ich die »Hummer Nummer« an hedonistischen Tafeln, um die von mir geliebte und gelebte Leidenschaft für Wein und Schalentiere zu inszenieren und mit anderen Menschen zu teilen. Die »Hummer Nummer« zelebriert die bodenständige Art, Meeresfrüchte und Wein *à la française* zu genießen. Gegessen wird mit den Fingern, es knackt und spritzt, Messer und Gabel haben eine Alibifunktion, denn eigentlich ist die »Hummer Nummer«, wie ich sie inszeniere, eine »Wein & Meeresfrüchte-Orgie«. Die Gäste erfahren fundiertes Fachwissen über Hummer, Austern, Scampi und Co. und lernen spielerisch-unkonventionell sechs verschiedene Weine kennen. Die »Hummer Nummer« an langen, klassisch weiß gedeckten Tafeln oder großen, runden Tischen symbolisiert auch das Teilen, beflügelt die Kommunikation und bringt jede Menge kulinarischen Spaß und Lebensfreude.

Sehr schnell entwickelte sich die »Hummer Nummer« in den darauffolgenden Jahren zunächst in Deutschland und bald danach innerhalb Europas. Es gibt kaum eine deutsche Großstadt, in der sie nicht stattgefunden hat. In Köln inszenierten wir das »Feast« in einem Gewölbekeller an einer langen Tafel mit 180 Teilnehmern, in Bad Homburg im Taunus findet die »Hummer Nummer« einmal im Jahr an einer Tafel mit einhundert Personen statt. Österreich, Schweiz, Holland, Belgien, Luxemburg, Frankreich und Spanien waren die ersten internationalen Destinationen. In Amsterdam, Essen und Dormagen waren es die Hochregallager und auf Lanzarote diente ein schwarzer Sandstrand als Ort der Schalentier-Extravaganz. Ab 2006 ging die »Hummer Nummer« dann nach Übersee, Kapstadt, Vancouver und New York City. Die erste »Hummer Nummer« auf asiatischem Boden inszenierte ich im Jahr 2009 im chinesischen Wuhan, gefolgt von Hongkong und Shanghai. Die nächsten Stationen in Asien waren Tokyo, Saigon, Singapur und Bangkok. Bukarest in Rumänien folgte 2008 und Dänemark 2021.

Ich habe seit 1998 kein einziges Mal das Konzept verändert. In allen Kultur- und Gesellschaftskreisen unabhängig von religiöser Herkunft, Hautfarbe oder Gesinnung funktioniert die »Hummer Nummer« nach dem gleichen Prinzip. Sie vereint die unterschiedlichsten Menschen an einem Tisch, um die Freude am Leben oder die Sehnsucht nach dem Außergewöhnlichen zu feiern. Gleichzeitig erdet diese kulinarische Extravaganz und motiviert Menschen unabhängig ihres sozialen Standes, gemeinsam und lustvoll mit den Fingern zu essen.

Hier das Rezept für zwei Personen für eine Meeresfrüchte-Platte der »Hummer Nummer«:

- 3 Lorbeerblätter
- 1 Hummer oder 1 Languste
- 8 Kaisergranat 8/12er (Scampi)
- 12 Riesengarnelen 20/30er
- 1 Taschenkrebs
- Cayenne-Pfeffer
- 300 g Wellhornschnecken (Bulot)
- 1 Karotte
- 1 Stange Lauch
- 400 g frische Miesmuscheln
- ½ l trockener Weiß- oder Roséwein
- 3 Austern
- Salz
- 1 Zitrone

Die angegebenen Mengen können nach eigenen Vorlieben beliebig variiert werden. Ich persönlich empfehle einen ganzen Hummer und mindestens sechs Austern pro Person.

1. In einem Topf oder Kessel gesalzenes Wasser mit Lorbeerblättern zum Kochen bringen.
2. Hummer oder Languste lebendig mit dem Kopf nach unten in das kochende Salzwasser geben. Am besten eignet sich dazu reines Meerwasser. 10 Minuten abkochen, danach das Schalentier aus dem Wasser nehmen und abkühlen lassen, wenn möglich in Eiswasser.
3. Kaisergranat in das gleiche kochende Wasser geben und 3 Minuten kochen, anschließend entnehmen und wie oben beschrieben abkühlen lassen.
4. Riesengarnelen in das kochende Wasser geben und 3 Minuten garen, bis diese eine kräftige rosa-orange Farbe entwickeln, anschließend entnehmen und wie oben beschrieben abkühlen lassen.
5. Den Taschenkrebs in das kochende Wasser geben und 3 Minuten garen.
6. Nach Geschmack Cayenne-Pfeffer in das Wasser einrühren und die Wellhornschnecken 15 Minuten darin kochen. Anschließend die Wellhornschnecken herausnehmen und bei Raumtemperatur abkühlen lassen.
7. Die Karotte waschen und in 5 mm starke Halbmonde schneiden. Den Lauch putzen und in 1 cm dicke Scheiben schneiden.
8. Die Miesmuscheln in einen trockenen Topf/Kessel geben, Karotten, Lauch und einen ½ Liter Wein hinzugeben und mit geschlossenem Deckel kurz aufkochen lassen. Die Miesmuscheln sollen sich nur öffnen. Anschließend mit geschlossenem Deckel vom Feuer nehmen und zur Seite stellen.
9. Hummer/Languste und Taschenkrebs werden mit einem schweren Messer halbiert. Die Innereien nicht entfernen. Sie sehen unappetitlich aus, schmecken aber süßlich-cremig. Die leuchtend rote Masse im Inneren des Panzers ist der Rogen weiblicher Schalentiere, der sogenannte Corail. Im rohen Zustand ist dieser schwarzblau. Beim Erhitzen werden die kleinen Eier leuchtend rot. Man spricht dann auch von Kaviar. Die Austern werden *à la minute* kurz vor dem Servieren geöffnet.

Zur Dekoration werden aus der Zitrone Sterne gestochen oder sie wird längs geviertelt. Sie eignet sich auch zur geschmacklichen Abrundung der Austern.

Die Platten werden nach Wunsch dekoriert und klassisch mit Knoblauchmayonnaise und Baguette serviert. (Die Zubereitung der Knoblauchmayonnaise finden Sie auf Seite 262.)

Zwischen den Augen der Schalentiere sitzt der empfindlichste Teil der Meeresfrucht, das zentrale Nervensystem. Die Natur hat dieses mit einem kräftigen, sehr spitzen Horn und weiteren stachelartigen Auswüchsen geschützt. An diesen kann man sich verletzen. Gibt man das Schalentier mit dem Horn kopfüber in sprudelnd kochendes Wasser (über 100 °C), so ist das Tier sofort tot. Das waidgerechte, möglichst schmerzfreie Töten eines Tieres ist ausnahmslos Bedingung bei der Zubereitung von Tieren.

Mag man keine Austern, sollte man diese auch nicht essen. Ich habe viele Menschen erlebt, die Austern einfach herunterwürgen, um stolz zu sagen, dass sie diese gegessen haben. Essen definiert sich durch Kauen in der Mundhöhle, denn dort entsteht das Geschmacksempfinden. Zum einen durch die Wahrnehmung von süß, sauer, salzig und bitter durch die Rezeptoren in der Mundhöhle und auf der Zunge. Zum anderen durch das Freisetzen von Aromastoffen, die im flüchtigen Zustand über den Nasopharynx (Nasenrachenraum) an den Riechkolben unseres Geruchszentrums hinter dem Nasenbein gelangen. Dort werden sie wahrgenommen.

Für viele Menschen gelten Austern als Symbol für Wohlstand und Luxus. Diese zu essen, ist Ausdruck eines gehobenen Lifestyles. Um sie zu verspeisen, werden sie oft in Zitronensaft ertränkt oder mit Rotweinessig-Vinaigrette und Schalotten bedeckt. In San Franciscos Hafenviertel, der Fishermen's Wharf, wird am Seafood-Hotspot »Pier 39« Ketchup in die Austern gespritzt. In der amerikanischen Esskultur wurde der »Oyster Rockefeller Style« kreiert, damit auch der letzte Pseudo-Gourmet versteht, dass eine Auster Luxus symbolisiert. Dabei wird Blattspinat in die Auster gelegt, geriebener Käse darüber gegeben und die Auster gratiniert. Bei dieser Art der Zubereitung braucht man das zarte Fleisch der Auster eigentlich nicht, man könnte auch gleich die Schale mitessen. Mit dieser Provokation möchte ich leidenschaftlich darauf hinweisen, dass die Auster ein Meeresbewohner ist, dessen filigraner, mineralisch-salziger Geschmack sich entfaltet, wenn sie roh gegessen wird. Sie schmeckt nämlich wunderbar frisch nach Meer. Wenn man das nicht mag, ist das kein Versagen, sondern Ausdruck des persönlichen Geschmacks. Alle diese im Text beschriebenen Zubereitungen dienen dem Zweck, den Geschmack und die Konsistenz der Auster zu verdecken.

In meinem persönlichen kulinarischen Verständnis im Umgang mit den Gaben der Natur fehlt einer solchen Vorgehensweise die Sinnhaftigkeit. Ein Spritzer Zitrone auf der Auster, um den salzigen Charakter mit etwas Säure auszubalancieren sowie den ursprünglichen Geschmack der Auster zu unterstreichen, ist ein großartiges Erlebnis und Mundgefühl. Der zweifelhafte Effekt von Zwiebel-Essig-Vinaigrette, Ketchup oder mit Käse gratiniertem Blattspinat erklärt sich von selbst.

Dem beeindruckenden, kulturübergreifenden Zuspruch der »Hummer Nummer« und der entmystifizierenden Darstellung von Wein und Speisen folgten andere kulinarische Konzepte, die ich standortunabhängig inszenieren konnte. Kurz nach Beginn der Jahrtausendwende entwickelte ich mit »Grill to Thrill« ein Konzept, ausgesuchte Inhalte meiner authentisch-kulinarischen Reisen in der Art zu konzentrieren, dass ich diese während einer Veranstaltung auf mehreren Feuerstellen gleichzeitig darstellen konnte. Dabei informiere ich während der authentischen Zubereitung auf offenen Feuern über kulturelle Hintergründe und Ursprünge der ausgesuchten Speisen und Weine. »Grill to Thrill« folgte ausnahmslos allen Destinationen der »Hummer Nummer« in Europa und Asien. Als Special zelebriere ich seit 2018 in Bremgarten, übrigens der ältesten Fischzucht der Schweiz, unter der Überschrift »Fisch-Feuer« die ursprüngliche Zubereitung von Salmoniden auf offenen Holzfeuern.

Während meines fast 20-jährigen Fokus auf kulinarische Aktivitäten in Asien lernte ich die Zubereitung von Fleisch, Fisch, Innereien und Gemüse in kochenden Würzsuppen kennen und lieben. Diese sehr kommunikative Art der gemeinsamen Speisenzubereitung ist in der englischen Sprache als »Hot Pot« oder »Steamboat« und in Europa als »Fondue Chinoise« oder »Mongolentopf« bekannt. Der Ursprung liegt bei den mongolischen Reitern des Dschingis Khan Anfang des 13. Jahrhunderts und verbreitete sich in der kulinarischen Geschichte über ganz Asien. Der Hot Pot etablierte sich in Asien als kulinarischer Volkssport.

Ich lernte von mongolischen Nomaden, dass die Reiter Dschingis Khans wussten, dass das gesamte getrocknete Fleisch eines Rinds in seine zuvor gewässerte und anschließend gedehnte Blase passt. So verpackt, führten sie das Fleisch am Sattel ihrer Pferde als nährstoffreichen Proviant mit, wenn sie in den Kampf zogen. Die runden Schutzschilder der Reiter hatten eine gewölbte Form und konnten bei der Rast mit Wasser gefüllt über die Feuerstelle gelegt werden. Etwas von dem getrockneten, fetten Fleisch in das heiße Wasser gelegt, ergab eine kräftige, stärkende Rinderbrühe. Dieses Konzept der schnellen Verpflegung bei der Rast war Teil der legendären mongolischen Kriegsführung. Allerdings fand diese zweckorientierte Zubereitung von Fleisch keinen Einzug in die mongolische Küche. Die chinesische Esskultur nahm dieses Prinzip auf und entwickelte es unterschiedlich in verschiedenen Provinzen. Der scharfe, von Sichuan-Pfeffer und Chili geprägte Sichuan-Hot-Pot aus Chengdu gilt in China als einer der weitverbreitetsten. In der muslimisch geprägten Esskultur der Provinz Xinjiang etablierte sich der Hot Pot mit Schafs- und Hammelfleisch. In Japan ist der Feuertopf als »Nabemono« oder »Shabu Shabu« bekannt. In Vietnam zelebriert man ihn als »Lau« und in Thailand als »Thai Suki«.

Seit 2015 berichte ich in westlichen Kulturen mit meinem Konzept »Hot Pot« über das Speisenverständnis in der asiatischen Kultur und engagiere mich auf meine unterhaltsame authentisch-kulinarisch Art für Toleranz und Respekt zwischen den Kulturen.

KAPITEL
6

CULINARY
METHODS

Vorratskammer

Für die verschiedenen Zubereitungsarten über offenem Holzfeuer liste ich hier eine minimalistische Standardausstattung der Zutaten auf, die immer wieder Verwendung finden, um den ursprünglichen Geschmack von Fisch, Fleisch und Gemüse zu begleiten und zu ergänzen. Grundverständnis hierbei ist, dass Charakter und Geschmack des zubereiteten Tieres von der Temperatur der Glut geprägt werden. Das Fleisch soll nicht zur Trägersubstanz für intensive Würzmischungen degradiert werden. Der naturgegebene, würzig-aromatische Charakter eines in Freiheit aufgewachsenen Island-Lamms beispielsweise würde von einer Rosmarin-Wasabi-Kruste verdeckt.

Hier meine Grundausstattung:

Lieblings-Salz	Jalapeño-Chilis	Wasabi
Lieblings-Pfeffermischung	Habanero-Chilis	Eier
weißer Pfeffer	Thai-Chilis	frischer Koriander
Sojasauce	Cayenne-Chilis	frischer Dill
Butter	Ingwer	Petersilie
hochwertiges Olivenöl	Knoblauch	Limetten
Aceto balsamico	rote Zwiebeln	Crème fraîche
Sesamöl	Frühlingszwiebeln	Zucker
Sonnenblumen-/Rapsöl	rosa Beeren	Dijonsenf

Die Hauptzutaten der Zubereitungen werden im Kapitel zwei »Culinary Travels« in den einzelnen Destinationen benannt und in Kapitel drei in den Rezepturen detailliert aufgeführt.

Temperatur & Würze

Die eigentliche Bedeutung bei der ursprünglichen Zubereitung von Fisch, Fleisch und Gemüse über glühenden Kohlen oder an offener Flamme gilt dem Verständnis und Gefühl für Temperatur und deren Auswirkung auf das Grillgut. Jegliche Form von Maßeinheiten, Volumina oder Garzeiten dienen der Orientierung und sind entsprechend individuell wie der Griller selbst.

Fleisch hat keine Poren. Es besteht aus Schichten von Muskelfasern, die von dem Protein Kollagen durchwoben sind. Kollagen ist Bestandteil des Bindegewebes und hält die Muskelfasern zusammen. Zwischen den Muskelfasern ist Fett eingelagert. Je stärker das Bindegewebe von Kollagen durchzogen ist, desto fester empfindet man die Textur des Fleisches. Je stärker ein Tier seine Muskeln beansprucht, umso intensiver festigt das Kollagen die Muskelfasern. Die wenig bewegte Rückenmuskulatur ist deshalb nicht so stark von Kollagen durchzogen wie die beanspruchten Muskeln im Bereich der Beine, Schultern, Hals und Brust. Die Fleischabschnitte unmittelbar um die Wirbelsäule sind deshalb besonders zart und eignen sich hervorragend für die Zubereitung über der Glut.

In einem Temperaturbereich zwischen 50 und 60 °C wandelt sich Kollagen in weiche Gelatine um. Die Muskelfasern lösen sich und das Fleisch wird zarter. Diese Reaktion ist reversibel. Steigt die Temperatur weiter über 60 °C, so wird aus Gelatine wieder Kollagen und festigt die Fasern. Das Fleisch wird wieder zäher. Je höher die Temperatur, umso mehr ziehen sich die Muskelfasern zusammen und verlieren die Bindefähigkeit für Wasser. Das Fleisch wird trocken und fest.

Der Muskelfarbstoff Myoglobin ist für den Sauerstofftransport im Muskel verantwortlich. Dieses Muskelprotein färbt das Fleisch rot. Ab einem Temperaturbereich von 60 °C verliert Myoglobin die

Fähigkeit, Sauerstoff anzulagern, und färbt sich graubraun. Rind, Hirsch, Elch, Taube, Thunfisch und Wal sind Tiere, die einen sehr hohen Bedarf an Sauerstoff haben. Durch den hohen Myoglobin-Gehalt hat ihr Fleisch eine ausgeprägte rote Färbung.

In einem Kerntemperaturbereich knapp unter 60 °C erhält man grundsätzlich rosarotes, zartes Fleisch.

Durch die Maillard-Reaktion entsteht ab einer Temperatur von 140 °C an der Fleischoberfläche eine gold- bis dunkelbraune Farbe mit appetitlich duftenden Röstaromen. Dabei werden Proteine (Eiweiß) und Mineralstoffe umgewandelt in geruchsintensive Melanoide. Diese bilden geschmacklich und farblich die Röstaromen des Fleisches. Ab 180 °C verfärbt sich das Fleisch schwarz und der Verkohlungsprozess beginnt.

Geflügel sollte ausschließlich durchgegart gegessen werden, denn das Fleisch kann Keime enthalten. Diese werden bei einer mindestens zwei Minuten andauernden Kerntemperatur ab 70 °C abgetötet. Wenn man unsicher ist, ob das Geflügel durchgegart ist, kann man durch einen Stich an der dicksten Stelle den sicheren Garpunkt überprüfen. Tritt klarer Saft aus, ist das Geflügel gar. Tritt rosaroter Saft aus, ist das Geflügel nicht zum Verzehr geeignet. Ausnahmen dabei sind Ente, Gans und Tauben. Sie kann man sehr gut auch zartrosa gegart genießen. Durchgegart wird das Fleisch von Ente, Gans und Taube zäh und trocken.

Fischfilets, Fischsteaks und kleine Fische sind *fast food*, das heißt, sie werden kurz über großer Hitze zubereitet. Denn Protein (Eiweiß) denaturiert ab einer Temperatur von 60 °C, es »gerinnt«. Der Denaturierungsprozess beginnt bereits bei 50 °C. In diesem Temperaturbereich ist das Fischfleisch bereits glasig, das Protein beginnt zu gerinnen. Ich empfehle, das Fischfilet vom Feuer zu nehmen, sobald der Kern glasig ist. Die hohe Zubereitungstemperatur gart nach und das Fischfilet ist auf den Punkt saftig, sobald man es auf dem Teller hat. Lässt man das Fischfilet über der Glut auf den Punkt garen, so wird es auf dem Teller bereits übergart sein. Die Garzeit bei der Zubereitung von ganzen Fischen verlängert sich und die Gartechnik ändert sich. Mehr dazu unter »Feuertechnik & Holz«, Seite 276.

Fisch und Fleisch sollten vor dem Auflegen über der Glut Zimmertemperatur angenommen haben, damit sie gleichmäßig gegart werden können.

Würzen ist eine Religion. Es sollte nach meiner Philosophie lediglich den ursprünglichen Geschmack des Grillgutes ergänzen oder unterstreichen, nicht aber überdecken. Ich lege sehr viel Wert darauf, dass man den ursprünglichen Geschmack des Tieres und der Umgebung, in der es aufgewachsen ist, schmeckt und nicht die Marinade. Salz als Geschmacksverstärker kann den originären Charakter des Fleisches unterstreichen, nicht aber erzeugen. Um etwas zu unterstreichen, muss es vorhanden sein. Ein Tier, das ein schlechtes Leben in Stress und Todesangst hatte, kann nicht gut schmecken. Das ist bei der Beschaffung des Fleisches unbedingt zu berücksichtigen. Abgesehen von dem ethischen Aspekt, hilft da auch keine Würzmischung. Zucker potenziert den Geschmack von Erdbeeren. Das funktioniert jedoch nur mit reifen Erdbeeren. Ein Lammkarree von einem auf ausgedehnten Wiesen frei laufenden Tier hat nicht den klassischen Stall-Geschmack, den man Lammfleisch gerne nachsagt. Oft bereite ich in meinen kulinarischen Destinationen selbst gefangene Fische im Ganzen auf dem offenen Feuer zu. Niemals werden Forelle, Saibling, Hecht, Zander, Lachs, Wolfsbarsch & Co. auch nur mit einem Gramm Salz gewürzt. Ich entferne die Haut, und wir genießen den saftigen Fisch direkt von der Gräte – für alle Beteiligten immer wieder ein inspirierendes geschmackliches, aber auch ästhetisches Erlebnis.

Würzen ist eine Frage der individuellen oder regionalen Interpretation, solange der ursprüngliche Charakter des Fleisches im Mittelpunkt steht. Pfeffer, Kräuter oder Gewürzmischungen verbrennen über der direkten Glut und sollten erst am Ende der Zubereitung eingesetzt werden. Salz entzieht dem Grillgut kein Wasser und kann vor dem Auflegen über der Glut auf das Grillgut gestreut werden. Dennoch empfehle ich, erst zu würzen, wenn man den puren Geschmack des Grillgutes gekostet hat. Erst dann kann man entscheiden, ob und wie viel Salz man benötigt.

Für den ursprünglichen, kulinarischen Umgang mit Feuer ist es elementar, ein natürliches Gefühl für Temperaturen und den Geruch von garendem Fisch und Fleisch zu entwickeln. Wie fühlt sich ein Temperaturbereich knapp unter 100 °C an? Wie riechen Melanoide? Welchen Einfluss haben Windstärke und Außentemperatur auf das Grillgut? Diese Fragen können nachhaltig nur durch persönliche Erfahrung beantwortet werden, nicht aber durch elektronische Hilfsmittel.

Das Kopfrechnen verlernt man durch den Taschenrechner, den Online-Terminkalender verliert man bei Stromausfall, soziale Kompetenz verliert sich durch Smartphones und der Bezug zur Natur verliert sich in virtuellen Welten.

Fett

Fett, Kohlenhydrate und Proteine sind Hauptbestandteile der menschlichen Ernährung. Fett ist Energielieferant, baut Körperzellen auf und bildet Hormone.

Das in den Muskelfasern eingelagerte Fett ist wichtigster Geschmacksträger bei Fisch und Fleisch.

Fetthaltige Stücke schmecken intensiver als magere Stücke. Das fettdurchwachsene Ribeye und das Picanha mit seinem charakteristischen Fettdeckel gelten in Südamerika als die beliebtesten Teile des Rinds. Das magere Rinderfilet geht in Südamerika meist in den Export. In Japan wird Thunfisch in drei verschiedenen Teilen gehandelt, die sich durch ihren Fettgehalt unterscheiden. *Akami* gilt als der magerste Abschnitt und wird vom Rücken genommen. Die fetthaltigeren unteren Seitenteile des Thunfisches werden *chu-toro* genannt. Der fette Bauchteil *o-toro* wird als hochwertigster Abschnitt gehandelt. Die fette Bauchflossenmuskulatur von Lachs oder Heilbutt gilt in Asien und Skandinavien als Grilldelikatesse. Auch an der portugiesischen und spanischen Atlantikküste zählen die fetten Bauchteile *(ventresca* und *barriga)* der Thunfische zu den Edelteilen.

In der Hitze über der Glut bildet sich eine fettige Filmschicht zwischen Fleisch und Rost. Das Fleisch bleibt dadurch nicht am Rost kleben und lässt sich leicht wenden. Durch eine erhöhte Fettmaserung im Fleischabschnitt bleibt das Fleisch saftiger und schmackhaft. Fischfilets, kleine Fische oder Plattfische im Ganzen zubereitet, sollten grundsätzlich mit einer neutralen Ölschicht (Raps, Sonnenblume) eingepinselt sein, bevor sie über eine sehr heiße Glut gelegt werden. Der Grillrost, in dem sie eingespannt werden, muss kalt und sauber sein, damit der Fisch nicht kleben bleibt. Fisch sollte während des Garvorganges so wenig wie möglich gewendet werden. Zweimal wenden genügt, denn der Fisch gart schnell. (Die Zubereitung von Sardinen, Meerbarben, Seezunge, Steinbutt finden Sie im Rezeptteil ab Seite 174.)

Feuertechnik & Holz

Der Temperatur gilt der eigentliche Fokus bei der Zubereitung von Speisen auf offenem Feuer.

Lieferant der Temperatur ist das Holz respektive die Glut, die durch Verbrennen des zur Verfügung stehenden Holzes entstanden ist. Idealerweise liefert die Glut über einen längeren Zeitraum gleichmäßig hohe Temperaturen. Für sehr kurz Gebratenes ist der längere Zeitraum irrelevant, jedoch die hohe Temperatur entscheidend. Am besten geeignet ist Hartholz mit einer hohen Dichte wie Rebholz, Akazie, Buche, Eiche, Lärche oder Esche. In kalten skandinavischen Zonen ist die Birke sehr verbreitet. Sie wächst aufgrund der niedrigen Temperaturen sehr langsam und wird in Finnland als Hartholz gehandelt. Birken- und Lärchenholz erzeugen die Glut unserer kulinarischen Feuer während der Sommer- und Winter-Camps in Finnland. Im südlichen Afrika verwenden wir Kameldornbaum (Eisenholz) oder Rooikrans, Letzteres gehört zur Familie der Akazienhölzer und stammt ursprünglich aus Australien.
Um sicherzustellen, dass sich das Grillgut im gewünschten Temperaturbereich befindet, ist es unabdingbar, ein Gefühl für das Umfeld des Feuers zu bekommen. Authentisches Zubereiten von Speisen auf offenen Feuern oder über Glut ist sehr eng mit Beobachten, Riechen und Fühlen verbunden.

Als ersten Schritt gilt es, die Windrichtung festzustellen und zu beobachten. Diese beeinflusst in freier Natur zunächst die Wahl der Feuerstelle. Kriterien sind zunächst, die Ausbreitung des Feuers durch Funkenflug zu verhindern und die Feuerstelle nicht so zu platzieren, dass die Teilnehmer im Rauch sitzen. Der Wind trägt die für das Grillgut benötigte Energie fort, deshalb ist die Platzierung des Grillgutes ebenfalls elementar. Der ideale Platz ist deshalb nicht immer direkt über den glühenden Kohlen, sondern immer dort, wo der Wind die Hitze hinträgt. Das kann auch neben der eigentlichen Feuerstelle sein. Je kühler die Außentemperatur, desto öfter muss das Grillgut gewendet werden. Dies ist insbesondere beim Grillen nahe dem Polarkreis oder unter anderen sehr kalten Bedingungen von großer Bedeutung. In unseren kulinarischen Winter-Camps in Finnland grillen wir nicht selten bei Temperaturen von 15 bis 20 °C unter dem Gefrierpunkt. Wind verstärkt die eigentliche Temperatur noch um ein Vielfaches.

Als Faustregel gilt: Es dauert circa 45 Minuten vom Entzünden des Feuers bis zur benötigten Ausbildung der Glut. Diesen Moment erkennt man daran, dass sich eine weiße Ascheschicht auf den glühenden Holzstücken bildet. Zum Entzünden des Feuers baut man eine Pyramide, deren äußere Schicht aus 30 bis 40 Zentimeter großen Holzscheiten besteht. Den Kern der Pyramide bildet zunächst ein Nest aus leicht entzündlichen, kleinen Holzspänen, dünnen Ästen, Holzwolle oder Splitterholz. Um dieses Nest folgt pyramidenförmig eine Schicht aus etwas größeren, circa 10 bis

20 Zentimeter langen, aber schmalen, dünneren Holzscheiten. Um diese werden dann die größeren Holzscheite wie ein Zelt gestellt. Papier oder Pappkarton sind grundsätzlich wegen der brennenden Flugfetzenbildung zu vermeiden. Diese brennenden Papierteilchen fliegen sehr weit und können explosionsartig Wald- oder Flächenbrände verursachen. Ich spreche aus eigener Erfahrung.

Nach etwa 30 Minuten zieht man einen Teil der glühend brennenden Holzscheite zur Seite und beginnt ein zweites Feuer mit frischen Holzscheiten. Dieses Feuer dient der weiteren Produktion von glühenden Kohlen, die man sukzessive in den Grillbereich zieht. In der Dunkelheit der Nacht dient dieser Feuerbereich gleichzeitig als Lichtfeuer.

Bereitet man Speisen in Kesseln, Schalen, Woks, Pfannen, Eisenkisten oder Cataplanas zu, so reicht bereits eine offene Flamme, um die Energie des Feuers über das Metall in die Speisen zu übertragen.

Bei einem offenen Holzfeuer wird die Temperatur über den Abstand des Grillgutes zur Glut geregelt. Authentisches Zubereiten von Speisen über offenem Holzfeuer bedarf keiner technischen Hilfsmittel.

Rebholz hat eine sehr hohe Dichte und verbrennt dadurch sehr heiß. Getrocknete Rebenäste werden in etwa 60 Zentimeter lange Stücke geschnitten und gebündelt. Zum Grillen werden sie entzündet und sobald sie vollends in Flammen stehen, mit einem Stock in zwei bis drei Zentimeter kleine Stücke zerschlagen. Sobald die Flammen erloschen sind, hat sich eine sehr heiße Glut entwickelt, die sich hervorragend zum Grillen eignet, da sie die Hitze über einen Zeit-

raum 45 bis 60 Minuten hält. Ein zusätzlicher Effekt dieser *sarments* ist, dass deren glühende Kohle ein würziges Grillaroma an das Grillgut abgibt, ohne das natürliche Aroma der Speise zu überdecken.

Die Technik des Feuerrings, wie sie die Khoisan, die Ureinwohner Südafrikas, praktizieren, wird zum Langzeitgaren von Wild-, Lamm-, Ziegen-, Antilopen- oder Wildschweinkeulen verwendet. Dabei hängt die Keule an einer Kette senkrecht von einem Dreibein unmittelbar über dem Boden. Das Fleisch wird gleichmäßig gegart: Der direkt über dem Boden hängende dicke Teil der Keule erfährt mehr Temperatur als der schmale Teil des Unterschenkelbereiches. In einem kreisförmigen Ring werden Holzscheite bis zu einer Höhe von ungefähr 30 Zentimetern geschichtet und gleichmäßig entzündet. Der innere Durchmesser des Holzkreises ist abhängig von der Größe der Keule. Bei einem Keulengewicht von drei bis vier Kilogramm sollte der Durchmesser des inneren Holzkreises ungefähr einen Meter betragen. Bei diesem Gewicht beträgt die Garzeit drei bis vier Stunden bei niedriger Temperatur. Unter der Keule befindet sich keine Glut. Die seitlich abstrahlende Temperatur der zunächst brennenden Holzscheite gart das Fleisch. Gegen Ende der Garzeit wird das Fleisch der Keule nur noch durch die Temperatur der glühenden Holzkohle gegart.

Das Zubereiten von Fisch, Fleisch und Gemüse auf Holzbrettern über glühenden Holzscheiten ist indianischen Ursprungs. Die Holzbretter sollten für diese Technik unmittelbar vor dem Einsatz mindestens fünf Stunden gewässert werden, idealerweise über Nacht. Persönlich setze ich Holzbretter ausschließlich für die Zubereitung von Fischfilets oder ganzen Fischen ein. Das verwendete Holzbrett sollte länger und breiter als das Fischfilet sein und mindestens zwei Zentimeter dick. In einem horizontal aufgeschnittenen, ungebrauchten Ölfass wird über die gesamte Fläche des Fassbodens eine Glut aus Holzscheiten gebrannt. Die Glut ist einsatzbereit, wenn die Flammen erloschen sind und sich eine weiße Ascheschicht auf den glühenden Kohlestücken bildet. Das Fischfilet wird mit der Hautseite nach unten (wenn Haut vorhanden) auf das nasse unbehandelte Holzbrett gelegt. Das Holzbrett wird auf dem Gitterrost mittig über der Glut platziert. Mit der zweiten Hälfte des Ölfasses wir das Holzbrett mit dem Fischfilet abgedeckt. Die Garzeit ist abhängig von der Größe der Fischfilets. Das verdampfende Wasser aus den Holzporen gart das Grillgut von der Unterseite. Die in der Abdeckung angesammelte Temperatur gart das Grillgut von oben. Aufsteigender Rauch signalisiert, dass das Wasser zum größten Teil aus dem Holzbrett verdampft ist, und das Holzbrett beginnt zu kokeln. Die Garzeit neigt sich langsam dem Ende zu. Beginnt das Holzbrett von unten zu brennen, kann man es mit Wasser ablöschen und das Grillgut bei Bedarf weitergaren. Eine Lachsseite mit einem Gewicht von circa einem Kilogramm ist in circa 15 Minuten saftig gegart.

MOIN

ANHANG

Bokkoms – gesalzene, in der Seeluft trocknende Meeräschen bei Veldrif an der südafrikanischen Westküste

REGISTER DER REZEPTE

»Sterne zählen! Eine Übung in Demut.«
(Weisheit der Trolle)
© Heidi Lehtosaari@heidimaailmanaarella

ÜBER DEN AUTOR

Geleitet von einem ausgeprägten Verhältnis zu Boden, Natur, Internationalität und dem Drang Zusammenhänge im Wesentlichen zu verstehen, hat der internationale Oenologe Roland Birr Ende der 1980er-Jahre das »Weinmachen« in Bordeaux, Südafrika, Kalifornien, Mexiko und Deutschland »von der Pike« auf gelernt.

Drei Jahrzehnte Erfahrung im internationalen Weinhandel, der Weinproduktion und der interkulturellen Vermarktung von Wein & Speisen haben sein globales und ganzheitliches kulinarisches Verständnis geprägt. Von Nordamerika über Europa, Indien, Südostasien bis China und Japan schulte er Händler, Gastronomen und Fachjournalisten zum Thema kulinarische Regionalität kombiniert mit Weinspezialitäten der Welt. Vor dem Hintergrund dieser Bandbreite entwickelten sich seit Ende der 1990er-Jahre Reisen – sowohl für Fachpublikum als auch privat Interessierte – zu den Orten seines jahrelangen professionellen Wirkens: Weingüter, Anbaugebiete, pulsierende Weltstädte und exotische Regionen, stets angetrieben von der authentisch-kulinarischen Darstellung der Natur und ihrer regionalen Spezialitäten. Dabei ist er immer auf der Suche nach dem Außergewöhnlichen.

Als Unternehmer, Oenologe und »wine & food edutainer« ist Roland Birr bekannt für seine entmystifizierenden Darstellungen von Wein & Speisen. »Edutainment« wie er es nennt. Diese inszeniert er einzigartig und weltweit unter dem Titel »The Fifth Quarter«, seinem gleichnamigen Unternehmensnetzwerk unterteilt in die Geschäftsbereiche Weinhandel, kulinarische Veranstaltungen und authentisch-kulinarische Weinreisen. Letztere inszeniert er seit über zwei Jahrzehnten nachhaltig und entschleunigend in seinen exklusiven »Culinary Outdoor Camps« auf offenen Holzfeuern vor der Kulisse atemberaubender Naturschauplätze, sei es in der Einsamkeit und Stille finnischer Wälder, mongolischer Steppe, transsilvanischer Wildnis oder *off the beaten track* in der Ursprünglichkeit des südlichen Afrikas. 2015 erweiterte er seine kulinarischen Destinationen um den Bereich »Culinary Fishing« und verbindet seine erdende Darstellung authentischer Kulinarik mit der Königsdisziplin »Fliegenfischen« in Island, Finnland, Dänemark und der Mongolei.

Weitere Informationen unter www.birr-partner.com

THE FIFTH QUARTER

»The Fifth Quarter« – »das fünfte Viertel« – steht für die »Extrameile«, die man geht, um sich von dem Alltäglichen zu unterscheiden. »The Fifth Quarter« verkörpert leidenschaftlich Authentizität und Einfachheit in interkultureller, entmystifizierender Darstellung von Natur, Wein & Speisen. Gleichzeitig ist »The Fifth Quarter« Ausdruck höchsten Respekts vor den Werten unterschiedlicher Kulturen und Toleranz gegenüber Andersdenkender.

In der internationalen Gastronomie bezeichnet man mit »dem fünften Viertel« (»The Fifth Quarter«) alle essbaren Innereien eines Tieres und somit den essenziellen Teil, der einem Körper erst Leben, eine Seele, ein individuelles Charisma und Charakter verleiht. »The Fifth Quarter« steht für das Außergewöhnliche … das nicht Alltägliche.

Weitere Informationen unter www.tastetravel.de

ÜBER DEN FOTOGRAF

Rein ins Leben. Und ganz dicht ran. Johannes Arlt, Jahrgang 1981, sucht stets nach dem Menschlichen. Danach, was es ausmacht, Mensch zu sein. Seit 2006 tut er das als Fotograf für Auftraggeber wie Der Spiegel, die Welt am Sonntag, Vattenfall oder die Deutsche Bank. Davor arbeitete er im OP, fuhr Rettungswagen und lernte Physiotherapie. Mit dem Ziel, Kriegsfotograf zu werden, ließ er das Gesundheitssystem hinter sich und begann als Autodidakt für Tageszeitungen zu arbeiten. Er hat Geburten und den Tod fotografiert, Fischfänger im Amazonas und Taliban in Afghanistan. Und den Bürgermeister von Hallig Hooge.

Neugierde, Empathie und Humor zeichnen seinen Charakter und seine Bildsprache aus. Betrachtet man seine Portraits, sieht man Menschen aus einer Nähe, die man selbst nur selten erlebt. Dabei begegnet er seinem Gegenüber immer auf Augenhöhe. Gerade bei flüchtigen Begegnungen auf Reisen, wenn die Sprache versagt und die Verständigung nur noch durch Gesten und Blicke funktioniert, zeigt sich die Stärke seiner Fotografie.

Mit Roland Birr teilt er die absolute Leidenschaft für das Fliegenfischen, steht mit ihm stundenlang in der Ostsee, um eine der seltenen Meerforellen zu fangen. Oder genauso lange auf einer Wiese, um den Fliegenwurf zu perfektionieren.

Johannes Arlt begeistert sich für die Themen, die er fotografiert. Seinen Bildern sieht man das an.

www.johannesarlt.com

IMPRESSUM

Verantwortlich: Sonya Mayer
Texte und Rezepte: Roland Birr
Fotografie: Johannes Arlt
Redaktion: Dr. Margit Brand
Korrektorat: Susen Truffel-Reiff
Umschlaggestaltung, Design & Layout: Helen Garner, Art und Weise
Partnermanagement: Thomas Nehm
Konzeption: Friederike Heyne
Repro: LUDWIG:media
Herstellung: Julia Hegele

Printed in Türkiye by Elma Basim.

Bildnachweis
Alle Fotografien des Umschlags und des Innenteils stammen von Johannes Arlt, mit Ausnahme der jeweils im Bild anders bezeichneten.

★★★★★

Sind Sie mit diesem Titel zufrieden? Dann würden wir uns über Ihre Weiterempfehlung freuen. Erzählen Sie es im Freundeskreis, berichten Sie Ihrem Buchhändler oder bewerten Sie bei Onlinekauf. Und wenn Sie Kritik, Korrekturen, Aktualisierungen haben, freuen wir uns über Ihre Nachricht an: Christian Verlag, Postfach 40 02 09, D-80702 München oder per E-Mail an lektorat@verlagshaus.de

Unser komplettes Programm finden Sie unter: www.christian-verlag.de

In diesem Buch wird aus Gründen der besseren Lesbarkeit das generische Maskulinum verwendet. Weibliche und anderweitige Geschlechteridentitäten werden dabei ausdrücklich mitgemeint, soweit es für die Aussage erforderlich ist.

Die Deutsche Nationalbibliothek verzeichnet diese Publikation in der Deutschen Nationalbibliografie; detaillierte bibliografische Daten sind im Internet über http://dnb.d-nb.de abrufbar.

ISBN 978-3-95961-849-6